『聖徳太子及び天台高僧像』のうち最澄像

最澄は日本に天台宗の教えをもたらし、いまに続く天台宗の繁栄の基盤を築き上げた。（法華山一乗寺／奈良国立博物館所蔵）

こんぽんちゅうどう

根本中堂

最澄が比叡山に結んだ草庵・一乗止観院に端を発する。比叡山の中心的建築物であり、修正会や御修法などの主要な仏事が営まれる。（比叡山延暦寺所蔵）

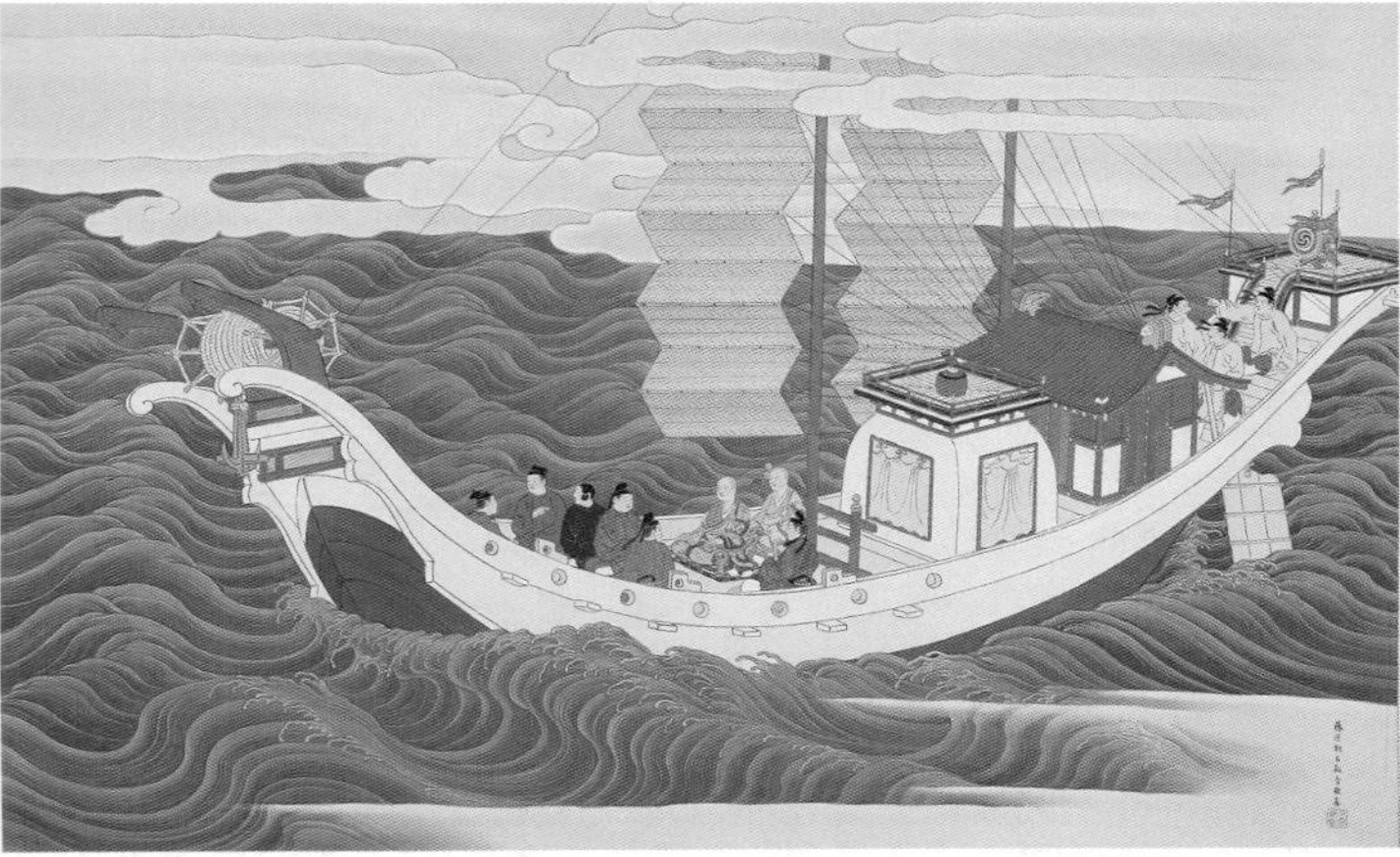

でんぎょうだいしえでん

『伝教大師絵伝』

最澄は延暦二十三年（八〇四）に入唐、天台教学や禅、大乗菩薩戒、密教を学んだ。図は最澄の入唐の場面を描いたもの。（比叡山延暦寺所蔵）

國寶何物寶道心也有道心人名為國寶故古人言径寸十枚非是國寶照千一隅此則國寶古哲又云能言不能行國之師也能行不能言國之用也能行能言國之寶也三品之内唯不能言不能行為國之賊乃有道心佛子西稱菩薩東号君子悪事向己好事與他忘己利他慈悲之極釋教之中出家二類一小乘類二大乘類道心佛子即此類斯今我東州但有小像未大類大道未弘大人難興誠願 先帝御願天台年分永為大類為菩薩僧然則枳王夢猴九位列落覺母五駕後三増數斯心斯願不忘汲海利今利後歷劫無窮

年分度者二人 柏原先帝新加天台法華宗傳法者

○凡法華宗天台年分自弘仁九年永期于後際以為大乘類不除其籍名賜加佛子号授圓十善戒為菩薩沙弥其度縁請官印

○凡大乘類者即得度年授佛子戒為菩薩僧其戒牒請官印受大戒已令住叡山一十二年不出山門修學兩業

○凡止觀業者年年毎日長轉長講法花金光仁王守護諸大乘等護國衆經

○凡遮那業者歳歳毎日長念遮那孔雀不空佛頂諸真言等護國真言

○凡両業學生一十二年所修所學隨業

『山家学生式（さんげがくしょうしき）』

最澄が比叡山での僧の養成方針を示した『山家学生式』。その冒頭部分で最澄は国宝論を展開し、道心ある人々の育成を志した。（比叡山延暦寺所蔵）

久隔清音 馳恋無極 伝承
安和 且慰下情
大阿闍梨所示五八詩序中有
一百廿禮仏幷方円図幷注義
等名 今奉和詩 未知其礼
仏図声状 乞令聞 阿闍梨
其所撰図義幷其大意等
告施其和詩 忽難作
着筆之文 難改後代 惟示其
委曲 必造和詩 奉上 座下
謹附貞聡仏子 奉状 和南
弘仁四年十一月廿五日 小法弟最澄状上
高雄範闍梨 法前
比頃 借請法花梵本一巻
為令見 阿闍梨 来月
九十日許 奉上 若有和上
暇者 将参上 若無暇 更待
後暇 惟示指南 謹空

『久隔状（きゅうかくじょう）』

最澄が空海のもとにいる弟子泰範に宛てた手紙。文中で空海を大阿闍梨と称するなど敬意を払っていることがわかる。現存する唯一の最澄自筆の書状。（奈良国立博物館所蔵）

不滅(ふめつ)の法灯(ほうとう)

根本中堂の秘仏・薬師如来像の厨子前に灯る不滅の法灯。延暦寺の創始以来、約千二百年間にわたり油を断つことなくいまに受け継がれている。油断という言葉はここから生まれたという。

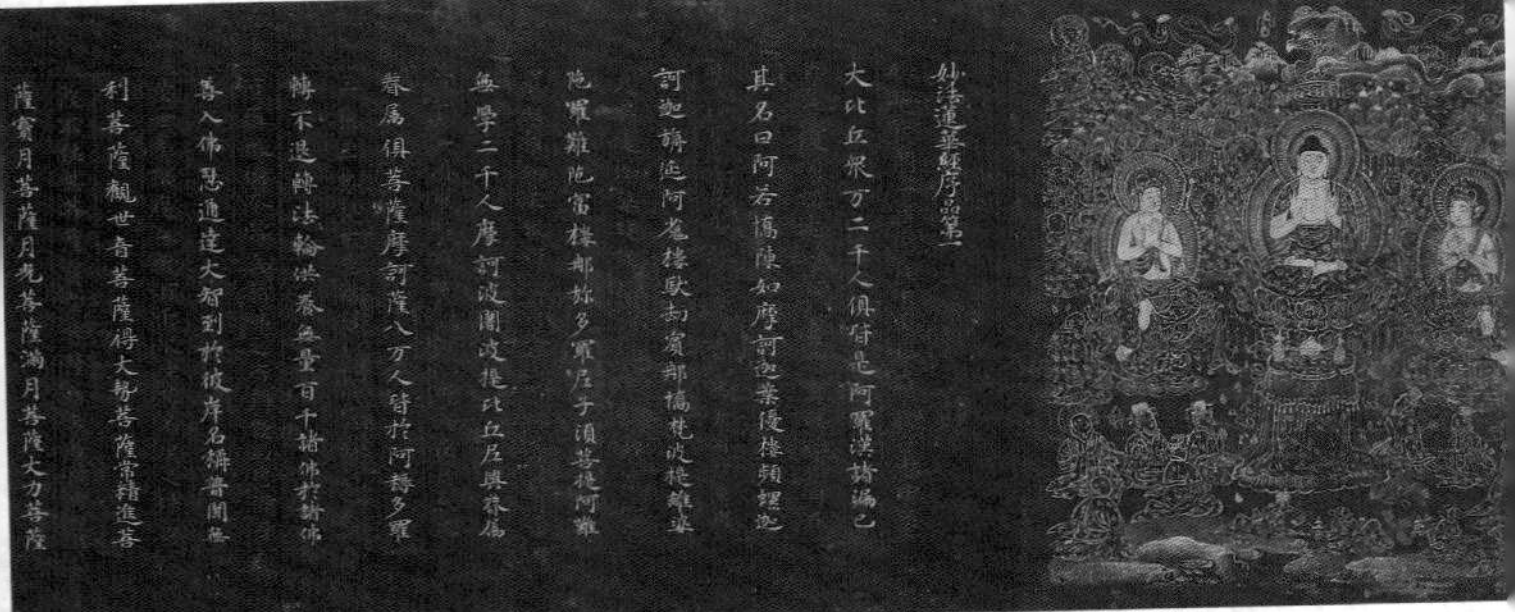
妙法蓮華經序品第一
大比丘衆万二千人俱皆是阿羅漢諸漏已
其名曰阿若憍陳如摩訶迦葉優樓頻螺迦
訶迦旃延阿㝹樓駄劫賓那憍梵波提離婆
陀羅難陀富樓那彌多羅尼子須菩提阿難
無學二千人摩訶波闍波提比丘尼與眷屬
眷屬俱菩薩摩訶薩八万人皆於阿耨多羅
轉不退轉法輪供養無量百千諸佛於諸佛
善入佛慧通達大智到於彼岸名稱普聞無
利菩薩觀世音菩薩得大勢菩薩常精進菩
薩寶月菩薩月光菩薩滿月菩薩大力菩薩

『紺紙金銀交書法華経(こんしきんぎんこうしょほけきょう)』

紺紙に金泥と銀泥で一行ごとに『法華経』八巻を書写した装飾経。高祖天台大師は『法華経』を天台教学の根本経典とし、天台宗を開創。その教えが最澄によって日本にもたらされた。(比叡山延暦寺所蔵)

図説 日本仏教の聖地を訪ねる!

最澄と歩く比叡山

池田宗譲[監修]

青春出版社

はじめに

伝教大師最澄が比叡山に創めた天台宗は、従来にはない新しい宗教理念に基づき、九世紀以降の新仏教各宗興起の基となった。そのため比叡山は日本仏教の母山であるといえる。最澄は八世紀の日本人を「円機已熟」の民族と観た。日本人は、他者の幸せを思い国家護持と社会福利に自己の心を傾けられるほど心も能力もすでに熟している、だからすべての人が持てる個性を輝かせるべきであり、そうした「円機」に適した教えが必要であるという。最澄が比叡山を拠り所にして起こした諸事業はすべてこの日本人観に発している。

仏教の理想に燃える最澄は、東大寺戒壇で受戒した。その直後、約束された世俗的名利の道を捨て比叡山に入り、薪にも事欠く極貧の中、「一乗の観」の体得のため坐禅三昧に徹したのは、桓武天皇が比叡山の南に広がる盆地を選んで遷都し平安と名づけ、年号を延暦と改め、大日本国の建設へとスタートしたまさにその頃であった。「一乗」とは「人は本来、仏陀と同じ平安の心を具えていて、そこに還る道はすべての人に開かれている」という意味であり大乗仏教の根本である。しかしこれはえてして標語になりかねない。

最澄の一乗とは他者との関係性を重視する『法華経』の実践的な一乗（法華一乗）であり、人たるものは一乗の自覚をもって自己のもてるすべてを自と他の為に輝かし、実行すべきであるという教えである。「一隅を照らす」はこの精神に立つ。
最澄は死に臨んで弟子たちに「我がために仏を作ることなかれ、我がために経を写すことなかれ、我が志を述べよ」と遺誡した。いったい「信仰」というものは最上位に価値づけられがちであるが、勝手気ままな信仰で仏をつくられては傍迷惑である。幾度生まれかわろうと自己を「一乗の観」に徹底して菩薩利他の行ないに励めよと誡められた。

令和三年（二〇二一）、伝教大師千二百年の御遠忌を迎えた。いま、私たちは常に危機の中に生かされる存在であることを実感している。新型コロナウイルスの猛威だけではない。メディアは有情（心を持つもの）が戯論もて造り出す「危機世界」を伝えている。

たしか『八千頌般若経』というお経に、砂漠に乾いて水を求める民人のために黙々と水を運ぶ青年（菩薩）の利他の姿が語られている。アフガニスタンで長年活動されてきた医師中村哲さんが座右とした「照一隅（一隅を照らす）」の三文字を再び報道に見ることになった。神仏の超人格的力用をたのみ、一方、心を大師の金言に安住させる道はあまりにも尊い。

本書は、図版を豊富に用いて、伝教大師の生涯と比叡山の世界をわかりやすく解説した。社会貢献にいそしむ読者諸氏とともに大師のお心に触れることができれば幸いと存じます。

池田宗譲　拝

第六章　比叡山の行　161

第七章　比叡山の仏事　185

カバー写真提供◇法華山一乗寺／奈良国立博物館
本文写真提供◇比叡山延暦寺／奈良国立博物館／国立国会図書館／アドビストック／ピクスタ／フォトライブラリー
図版・DTP◇ハッシィ

序章

日本仏教と最澄

日本仏教の変遷

宗教界に新風を巻き起こした最澄

インドで興った仏教

仏教は世界三大宗教の一つに数えられているほど世界中で信仰されている宗教である。文化、風俗、習慣において仏教は日本人の生活様式にもさまざまな影響を与えてきた。たとえば祖先の霊を祀るお盆は、仏教行事の盂蘭盆に起源を持つ。

その仏教は前五世紀頃にインドで釈迦が説いた教えで、その後世界各地へと伝播していく。仏教にはスリランカに伝わり東南アジアに普及した「南伝仏教」、西北インド、パミール高原経由で中国に伝わった「北伝仏教」の流れがあり、日本には中国から朝鮮半島を経て伝来した。

日本への仏教公伝

日本に初めて仏教が伝えられたのは欽明天皇の時代の五三八年、または五五二年

大乗仏教の伝来経路

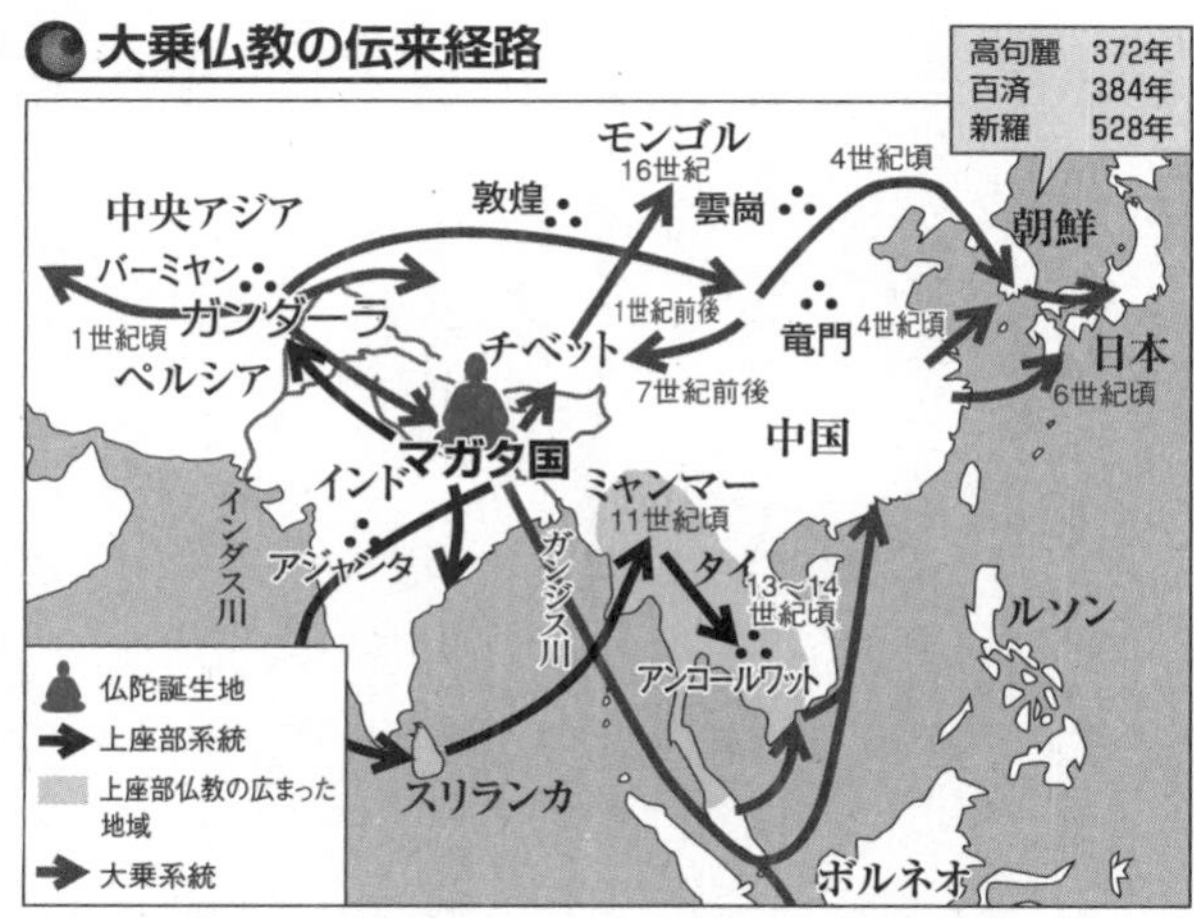

538年以前にも、渡来人らの手によって私伝という形で仏教が伝えられていたとされている。

とされる。百済の聖明王から欽明天皇に仏像や経典が贈られたのが公式な伝来である。

しかし自然物に神を見出すアニミズム信仰や先祖神として氏族の神を祀る祖霊信仰などが根づいていた日本では、この新しい外来宗教を受け入れるのに大きな抵抗もあった。仏教の受容を巡って豪族同士で激しい争いが繰り広げられ、五八七年、ついに崇仏派の豪族蘇我氏が排仏派の豪族物部氏を滅ぼしたことで、まず仏教は支配階級の間で信仰されるようになった。

推古二年（五九四）には、優れ

た教えの仏教を信仰するようにという三宝興隆の詔が推古天皇によって発布され、天皇自らが仏教興隆を推進していくようになる。また、推古天皇の摂政として政治を運営した聖徳太子は、仏教の教えを取り入れた十七条憲法を制定し、政治の根本思想に仏教を置くことを明確にした。仏教興隆に尽力した聖徳太子は、日本仏教の源流とも呼ばれる。

こうして仏教公伝からわずか一世紀の間に、日本では皇族や貴族層に仏教が定着することになった。

奈良時代に入ると、仏教は国家仏教としての性格を強め、鎮護国家の役割を期待されるようになる。聖武天皇は全国に国分寺を建立し、総国分寺とした東大寺には大仏を造立した。

また、中国から諸宗派が伝来し、三論宗、成実宗、法相宗、倶舎宗、律宗、華厳宗の南都六宗が国家公認の宗派として成立。これらの宗派は南都仏教とも呼ばれ、日本仏教界を牽引していった。

この時代の仏教の特徴は、僧尼令が発布され、出家するにも政府の許可が必要になるなど国家統制の下に置かれたところにある。

一方で全国への国分寺建立や大仏造立などもあり、この時代に仏教は日本全国に伝播していくこととなった。

革命をもたらした平安仏教

平安時代に入ると、このような国家の支配下にあった仏教界に変革がもたらされることになる。

その中心を担ったのが、日本天台宗の開祖最澄である。

すべての人が仏になることができることを説く『法華経』を中心に据えた天台教学を唐で学んだ最澄は、日本を『法華経』による大乗仏教の国にしようと全精力を傾けた。

最澄像

最澄は日本天台宗を開き、仏教界に新風を起こした。　（法華山一乗寺／奈良国立博物館所蔵）

大乗仏教とは、一切衆生を

救おうと努める人間を菩薩と捉え、菩薩道の実践を主張するものである。

当時僧になるためには東大寺、下野薬師寺、筑紫観世音寺の三戒壇のいずれかで戒律を授かる定めとなっていたが、最澄はこれらの場所で与えられる戒律では国を救うことはできず、またそのような人材を育成することもできないとして、新たに大乗戒壇の設立を訴えた。これは既存の日本仏教界に一石を投じるもので、当時仏教界の中心にいた南都仏教からの反発を招くなど大きな波紋を呼ぶこととなった。

しかし、生前にそれが認められることはなく、最澄の入滅の一週間後、正式に大乗戒壇の設立が認められるに至る。これが、のちの日本仏教の戒律の考え方に大きな影響を与えたのである。こうして日本仏教界に変革をもたらした最澄の遺した教えは弟子たちに引き継がれ、天台宗と比叡山は盛栄を誇ることとなる。

比叡山からは多くの高僧が輩出され、浄土宗の法然、浄土真宗の親鸞、臨済宗の栄西、曹洞宗の道元、時宗の一遍、日蓮宗の日蓮など鎌倉仏教の開祖たちをも育んだ。そのため比叡山は日本仏教の母山と呼ばれている。

比叡山を拠点とし、天台宗を開いた最澄の生涯と教え、その全貌を解き明かしていく。

仏教の流れ

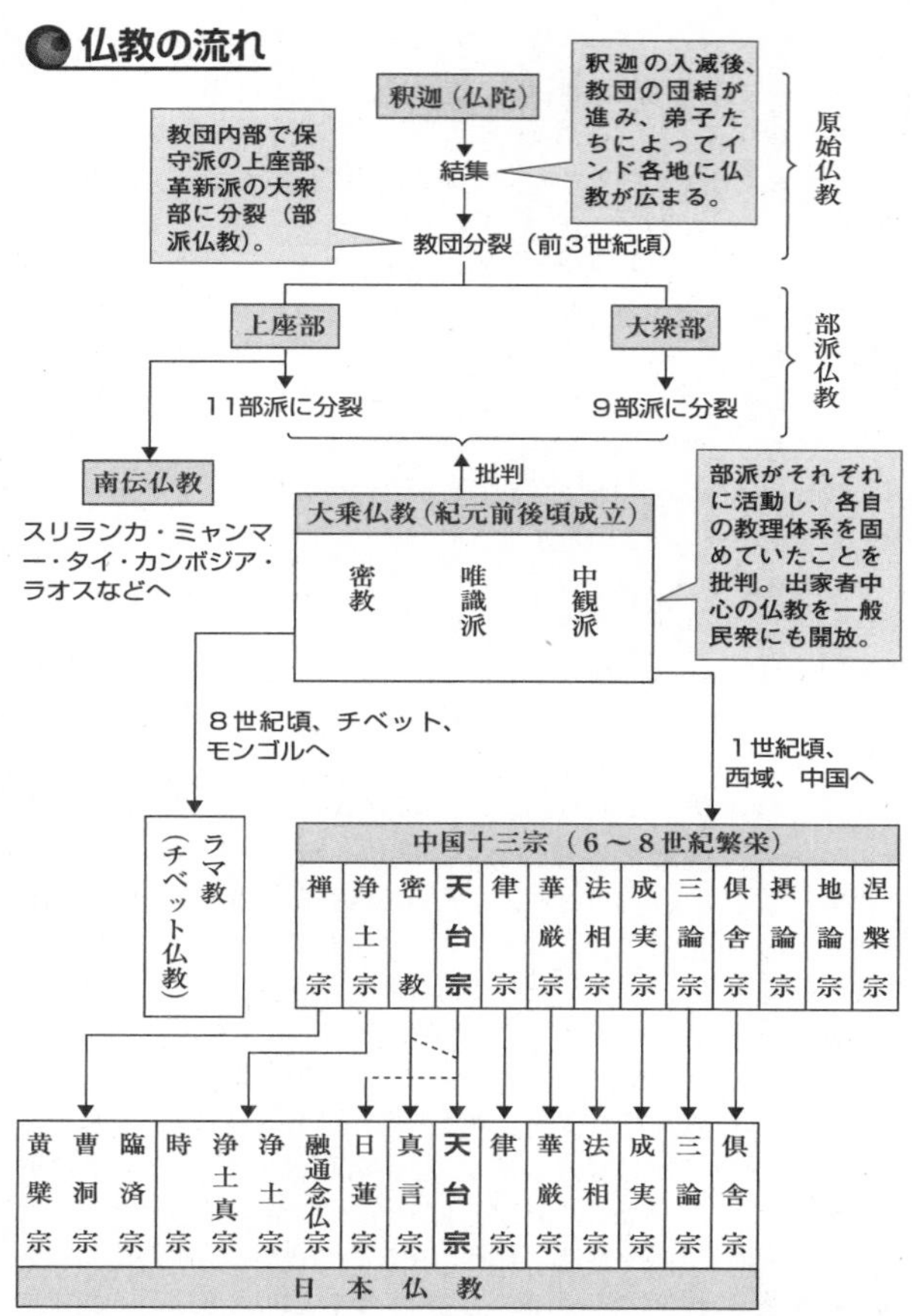

最澄が開いた天台宗は、中国の智顗が体系化した天台宗の流れを汲む。

仏壇の祀り方

―ご本尊や先祖に捧げる報恩感謝―

先祖をお祀りするための仏壇について、天台宗ではとくに決まった型や大きさなどはない。

そもそも仏壇というのは先祖やご本尊に感謝し、報恩を捧げるものであるから、金額や大きさの大小は関係ないのである。お参りをするという心掛けが、何よりも大切なのだ。

まず新しい仏壇を購入したときや古い仏壇から新しい仏壇に買い替える場合には菩提寺に連絡を入れ、住職または僧侶に来ていただき、開眼法要の儀を行なってもらう。この儀式によって仏壇やご本尊に生命を吹き込んでいただく。

その儀を経たあとにご本尊や位牌を安置していくのだが、仏壇の祀り方についてもとくに決められた様式はない。一般的には仏壇の最上段、中央奥の須弥壇の上にご本尊を安置する。天台宗では特定のご本尊を規定していないため、それぞれの菩提寺のご本尊の仏像や掛け軸をお祀りする場合が多い。

そしてご本尊の向かって右隣りの脇侍に天台宗の高祖天台大師像を、向かって左隣りに宗祖伝教大師像をお祀りする。

次に、ご本尊の下の段、中段に先祖の位牌を安置する。向かって右側から古い先祖の位牌を置き、順次位牌をお祀りしていく。もし先祖の命日にあたったり、法要が営まれたりするときには、その先祖の位牌を中段中央に安置し、ご本尊の下にくるようにする。

下段には香炉や燭台、三具足、高杯などを適宜置いていく。最下段には、念珠や経本、線香差しなどを置く。

仏壇を安置する場所については諸説あるが、一般的には仏壇の正面が南に向くように配置する方法、仏壇の前で合掌するときその延長線上に本山である比叡山があるようにする方法、仏壇の正面を東向きに配置しお参りするたびに西方浄土をも礼拝できるようにする方法などが知られている。

第一章
最澄の求法

第一章
最澄の求法

最澄の誕生

中国皇帝の血筋を引く神童

中国皇帝の血筋の系譜

日本の仏教界に新風をもたらした日本天台宗の祖最澄。天台宗からその後多くの宗派が生まれたことを考えれば、最澄はまさしく日本仏教の祖ともいえるだろう。最澄は天平神護二年（七六六、翌年説もあり）、比叡山麓にあたる近江国滋賀郡で生まれた。父は三津首百枝で、古市郷の人だと伝わる。

三津首という姓は滋賀郡大友郷の志津、戸津、今津一帯に由来するもので、大友郷を本貫としていた。

実際この地にある生源寺は最澄の生誕地と伝えられ、境内には最澄が使ったという産湯井も残されている。そのため大友郷に在住したのち、古市郷へと移り住んだのではないかともいわれる。

三津首百枝の系譜をさかのぼると、その祖は中国の後漢最後の皇帝献帝の子孫・

生源寺

最澄が誕生した場所と伝わる。境内には最澄の胞衣を納めたと伝わる胞衣塚や誕生時に用いたという産湯井が残る。

登万貴王に行き着く。

　登万貴王は後漢滅亡時の戦乱を逃れて日本に渡来した。そして滋賀へと至り、三津首と称した。その後代を重ねるに従い大和民族との婚姻が結ばれていき、百枝の誕生に至るのである。

　百枝は、仏教、儒教に通じた教養人であり、近隣の村人から慕われる情け深い人物であったと伝えられる。また、信仰心が篤く、自宅を寺として仏教の修行に励んでいたともいう。

　母藤子は中央で威勢を誇った藤原四家の一人で、北家の祖藤原房前の孫の子にあたると伝わる。彼女もまた立派な女性であったという。

神秘的な出生

しかし百枝と藤子はなかなか子に恵まれなかった。そこで二人は男子を得んと比叡山の神に祈念するため比叡山中に草庵を結び、七日間の参籠に入った。すると五日目に不思議な霊夢を見て、男児を授かったという。その子は広野と名づけられた。のちの最澄である。最澄は生前から比叡山と深い縁で結ばれていたことがわかる。

聡明で信仰心の篤い両親に育てられた広野は、幼少の頃より神童とうたわれるほど才を発揮していた。七歳のとき、すでに学力は同輩に並ぶものはおらず、陰陽、医術、土木などの技能も学んでいたと伝えられる。そして小学（学校）では抜群の成績を残し、将来はその小学の教師になることを勧められたという。

このように英才の誉れ高かった広野は、村人たちから模範にしたいと言われるほどであったと後世の伝記に残っている。

また、父の影響からかすでにこの頃から仏を拝み仏教に強い関心を見せるなど、のちの宗教者としての片鱗ものぞかせている。

最澄の誕生

①父三津首百枝と母藤子はなかなか子が授からなかったため、比叡山に７日間の参籠に入る。すると５日目に不思議な霊夢にあい最澄を授かった。

②滋賀郡大友郷にある生源寺で最澄は誕生したと伝わる。

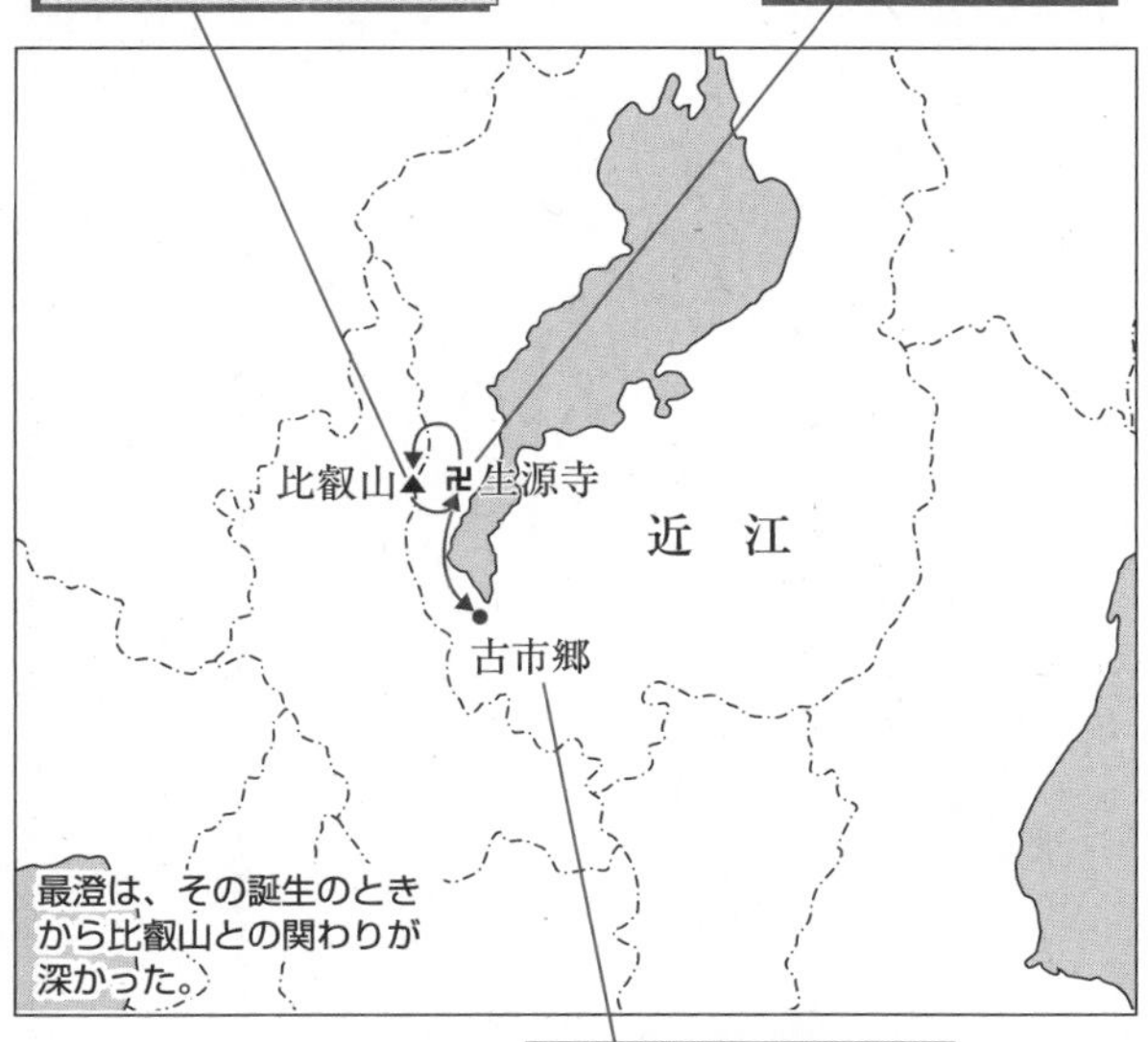

③最澄の故郷である古市郷には渡来系の氏族が多く居住していた。三津首氏はもともと大友郷を本貫とし、のち古市郷に移り住んだとみられている。

出家

近江国分寺にて得度、仏門に入った最澄

●広野、仏門に入る

宝亀九年（七七八）、十三歳になった広野は、近江国瀬田にある国分寺の僧 行表に師事し、仏教の修行に入った。一説によると、この年はまだ行表が大国師に補任されて国分寺に入る前で、滋賀の崇福寺にいた頃にあたるという。そのため広野も国分寺ではなく、まずは崇福寺に入ったともいわれている。

行表は、大和国葛上郡高宮郷の人で、大初位上の位階をもつ檜前調使安麿の子として生まれた。東大寺に戒壇を設立した鑑真に先駆けて来日し、戒律を伝える師として招かれていた唐の道璿に師事し、戒律、禅、天台の教えを学んだ。行表は徳の高い人柄だったようで、のちに最澄は師の行表を「離欲清浄にして、潔くして物色に染せられず、住持清浄にして」と讃えている。

この時代の僧侶のなかには、非凡な才能を持ちながらも社会的に高い地位を得ら

崇福寺跡

崇福寺は、天智天皇が近江大津宮鎮護のために比叡山南麓に建立し、室町時代まで存在した。

れない俊才が、仏教界での栄達を求めて出家した例も少なくなかった。

しかし信心の篤い両親に育てられた広野は、ひたすら仏道を求め、真の仏者となるべく入門したと思われる。

また崇福寺は広野の生家と近いため、広野の父と行表は親交を持つ間柄であったと推測されている。そして行表が広野の非凡さを知り、弟子に求めたともいわれている。この行表から広野は華厳教学の一乗の教え（真の教え）や唯識などを学んだ。このほかにも行表が道璿より学んだ戒律、禅、天台などの教えもそのまま授けられたといわれている。

●国分寺で得度

そして宝亀十一年（七八〇）、広野は十五歳のときに得度する。

得度とは、在俗者が正式に仏門に入ることを意味するものだが、当時、勝手に仏門に入ることは許されておらず、得度試験を受けて官許を得なければ得度できない規則になっていた。このときは近江国分寺の僧最寂が死没して欠員ができたため、欠員補充として試験が行なわれたのである。

広野はこの試験を受け合格。十月十日付で、広野の得度を認める近江の国府牒が国分寺に伝達された。そして十一月十二日、国分寺において得度式を行ない、最寂にちなんで最澄との名を与えられた。

得度式では仏法僧に対する帰依と十戒を守ることを誓った。十戒とは殺生、盗み、姦淫、偽り、飲酒、虚飾、歌舞音曲の見聞、立派な寝床に寝ること、金銭に手を触れることを禁じたものである。

こうして最澄は僧としての道を歩み始めた。

本朝三戒壇の設立

近江国分寺
宝亀11年（780）11月12日、最澄は国分寺の僧となるため、近江国分寺で得度する。最澄は近江国出身であったため、東大寺で受戒する必要があった。
下野薬師寺
天平宝字５年（761）１月、下野の薬師寺に戒壇が築かれる。東国の者はここで受戒するよう定められた。
下野
近江
大和
筑前
東大寺戒壇院
天平勝宝６年（754）、鑑真によって臨時の戒壇が設けられ、天平勝宝７年（755）９月、東大寺戒壇院が建立される。中国の者はここで受戒するよう定められた。
筑紫観世音寺
天平宝字５年（761）１月、筑紫の観世音寺に戒壇が築かれる。西国の者はここで受戒するよう定められた。

天平勝宝７年（755）９月、東大寺に戒壇院が建立されたのを皮切りに、東国と西国に戒壇院が設置された。これらを「本朝三戒壇」と呼ぶ。正式な僧になるためには、いずれかの戒壇院で受戒が求められた。

比叡入山

山林修行の決意を綴った『願文』

二十歳で具足戒を受戒

得度した最澄は、その後も行表のもとで修行に励んだが、まだ国家公認の僧侶の身分を取得したわけではなかった。正式な僧として認可されるには具足戒（ぐそくかい）と呼ばれる二百五十戒を戒壇院で授かる必要があったのである。

二十歳で具足戒を受けるという規定は、インド小乗（しょうじょう）正統派が定めたものである。満二十歳にならなければ、二百五十もの厳格な戒律を保つ生活を送ることが精神的にも肉体的にも難しいと考えられていたのだ。また天平勝宝（てんぴょうしょうほう）七年（七五五）に東大寺に戒壇院が建てられて以後、正式な受戒（じゅかい）の場所はここに定められており、のちに下野薬師寺（しもつけやくしじ）と筑紫観世音寺（つくしかんぜおんじ）も受戒を担当し、三寺が受戒の場となった。

延暦（えんりゃく）四年（七八五）四月、二十歳を迎えた広野は東大寺戒壇院において具足戒を授かる。ここに僧最澄が誕生したのである。

最澄入山時の世相

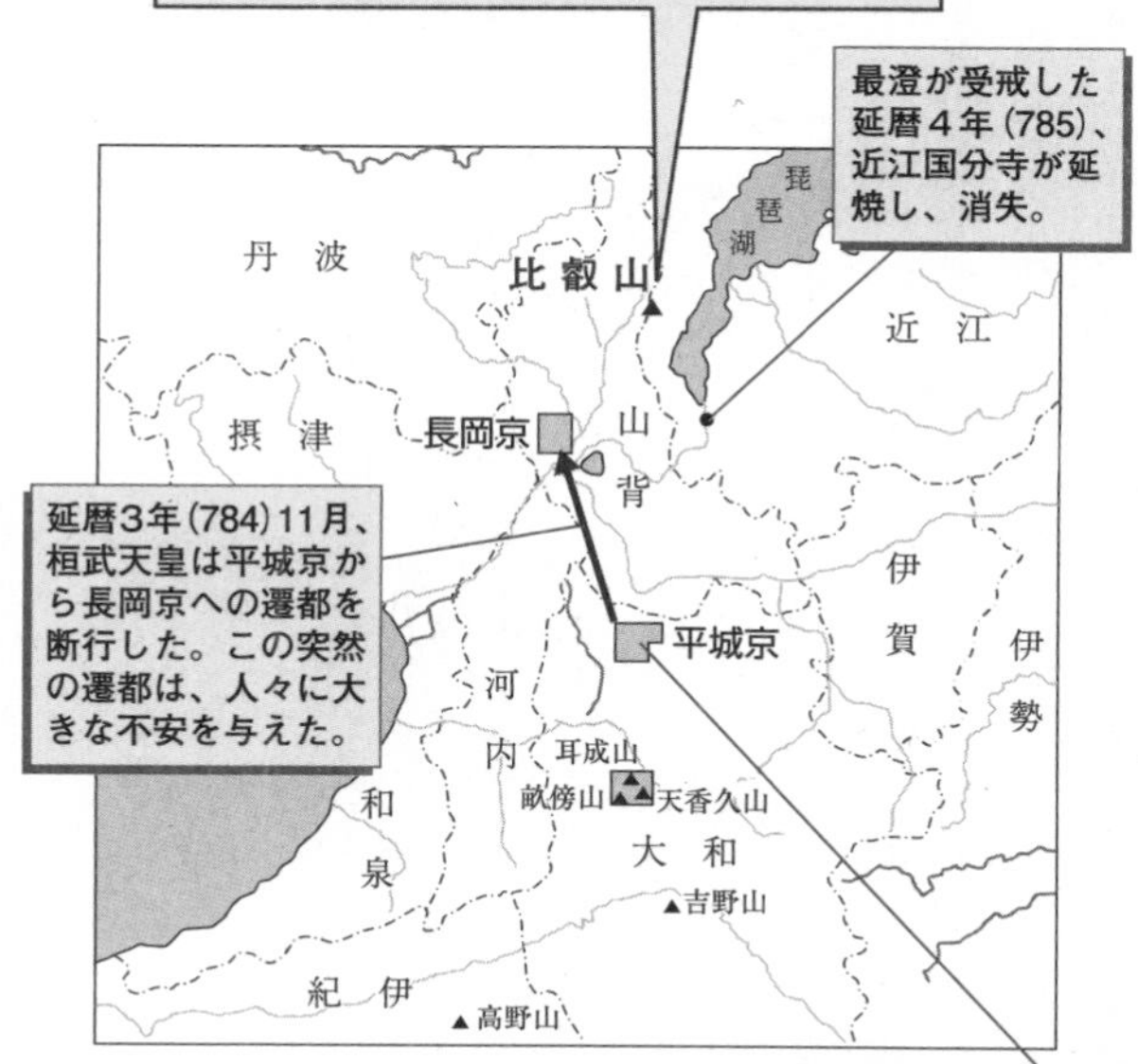

古来、山の神である大山咋神（おおやまくいのかみ）が鎮座するとされ、最澄入山以前から仏縁の山として山岳信仰の場となっていた。
最澄が受戒した延暦４年（785）、近江国分寺が延焼し、消失。
延暦3年（784）11月、桓武天皇は平城京から長岡京への遷都を断行した。この突然の遷都は、人々に大きな不安を与えた。
当時、日本の仏教界を牽引する南都仏教では、立身出世を望む僧が増え、信仰や修行が形骸化していた。
丹波
比叡山
琵琶湖
近江
摂津
長岡京
山背
平城京
伊賀
伊勢
河内
耳成山
畝傍山
天香久山
和泉
大和
吉野山
紀伊
高野山

最澄が比叡山での修行を決めたのは、正しい仏法が衰退し、人民が苦しみに瀕した状況下、求道の思いに駆られたからだといわれる。

山林修行を決意した動機

この具足戒は一年に一度、十人程度しか受けられないものであり、最澄は仏教界のエリートとして将来を約束されたも同然であった。

ところが最澄はその栄誉ある具足戒を受けたわずか三か月後、突如として比叡山に登って山林修行を行なうことを決意する。なぜ、最澄は栄達を捨ててまで山林修行を志したのか。その動機については、最澄の門弟、釈一乗忠による『叡山大師伝』と最澄が記した『願文』から推し量ることができる。

『叡山大師伝』によると「延暦四年を以て、世間の常ならず、栄衰の限りあるを観じ、正法の陵遅し、蒼生の沈淪せるを慨いて、心を弘誓に遊ばし、身を山林に遁れんとす」と、正しい仏法が衰微し、人々の精神が我欲に落ち込んで苦しみにあえいでいる現状を憂えていた最澄の思いがうかがえる。

当時南都六宗の既存の仏教の僧侶たちは立身出世を望み、人々に寄り添うという僧としての本来のあり方からかけ離れていた。このような状況のなかで僧侶となった最澄は、聡明であるがゆえに僧としての生き方に悩んだのだろう。

そしてひたすら内省と思索を深め、大乗の僧としてのあり方を見出す。それを表

『願文』に見る最澄の決意

一、わたしは、いまだに六根相似位（目・耳・鼻・舌・身・意の6つの感官が仏と同様になる）という境地に達していないため、世の人を導くことはしない。

二、仏の悟った道理を照らしつくす心を得ていないから、世の技術・芸術の類には手をのばさない。

三、戒律を満足に守れていないため、壇越の招く法会に参加しない。

四、すべては空であるという悟りを得られていないため、生活の糧を求める仕事や親戚知友などとの付き合いには携わらない。

五、修行して得た功徳は自分ひとりのものにはせず、生きとし生ける者すべてに施す。

最澄は山林修行の中で、修行に対する自らの誓いを認め『願文』を著した。

明したのが『願文』であった。ここに山林修行に至った最澄の内面を知ることができる。

世に対する無常観（むじょうかん）、因果応報（いんがおうほう）の道理を明らかにしながら、自分は仏教者として人間としていまだ至らざる最低の位置にあることを自覚し、自分に厳しい仏道の実践修行を課した。

それでも求道（ぐどう）の心やみがたく、仏と同等の清浄の段階に到達するまでは山を下りないと誓う。そして悟（さと）りを開くことができたならばあらゆる人々とそれを分かち合いたいと記した。

天台修学

修行の中で見出した己の進むべき道

すべてを捨て、己の信念に従い比叡山で厳しい山林修行に励んでいた最澄は、そこで天台教学への思いを強めることになる。

そのきっかけとなったのが、中国の華厳教学の第一人者法蔵が著わした『大乗起信論義記』であった。

天台宗との劇的な出会い

『大乗起信論義記』は大乗仏教の理論と実践の綱要をまとめた『大乗起信論』の注釈書で、その文中に「天台を指南とする」と記されていたのである。

天台教学では、『法華経』が釈迦の生涯の教えの集大成であることを理解するとともにそれを実践し、修行することを求めている。つまり教理と実践の統一を図ったところに大きな特徴がある。教えを頭で理解しようと観念的な仏教論議に明け暮れていた南都仏教界に大きな懐疑心を抱いていた最澄は、真の菩薩道の追求、しかも観念的な菩薩論に留まるのではなく、菩薩であることの自覚と実践を強調している。

ただし単に利他行為を為すのではなく、それが何ものにも執れないあり方（無所得）に裏打ちされた実践であり、それは物事そのものの真のあり方（諸法実相）の理への悟入に裏打ちされたものである。

しかし比叡山では天台の典籍を得ることができず、最澄は直接読むことができないことを嘆き、一人涙したと伝わる。

この最澄の強い思いが通じたのか、あるとき、比叡山にほど近い近江国滋賀郡の梵釈寺に鑑真が請来した天台の典籍があることを人づてに知る。

最澄はこれを喜び、『摩訶止観』『法華玄義』『法華文句疏（法華文句）』の三大部（いずれも中国隋代に天台大師智顗が講述し弟子の灌頂が筆録）、『四教義』（天台教学の入門書）、『維摩疏』（智顗の晩年期に著された天台教学の概論書）などを書写してむさぼるように読んだという。

そして天台の修学こそが自らの進むべき道であるとの思いを日々強めていったのであった。

鑑真の渡日

鑑真は苦節12年もの歳月をかけ、天平勝宝5年(753)に渡日した。日本に戒壇をもたらしたほか、最澄が天台教学への思いを強めることになった天台の典籍を請来した。

こらむ

鑑真の渡日

奈良時代、僧になるには戒律を受けなければならなかったが、当時の日本には正式に授戒(じゅかい)をできる僧がいなかったため、僧の質の低下を招いていた。そのため、普照(ふしょう)と栄叡(ようえい)の二人の僧が授戒できる僧を招くため、唐に渡った。大明寺(だいめいじ)の高僧鑑真は日本への渡航を承諾したが、その旅は困難を極めた。密航の密告、遭難などで5度も渡航に失敗してしまう。それでもあきらめず天平勝宝5年(753)、6度目の渡航で鑑真は渡日。東大寺で聖武太上天皇(しょうむだいじょう)、孝謙(こうけん)天皇に戒律を授け、天平勝宝8年(756)には東大寺に戒壇を設立したのである。

一乗止観院を設立

こうして己の進むべき道を定め、ひたすら仏道修行に励む最澄のもとに、最澄の求道の精神に心を打たれた人々が集まり始めた。

そして延暦七年（七八八）、二十三歳になった最澄は、天台宗を実践する道場として、比叡山に薬師如来を本尊とする一乗止観院を創建した。これが現在の根本中堂の前身である。

一乗止観院という名前は、真理は一乗（大乗）にしかないという思いを込めたものであった。

このとき、最澄は自らの心境を歌に託している。

「阿耨多羅三藐三菩提の仏たち　わが立つ杣に冥加あらせ給へ」

これには、「大変優れている正しく完全な仏の悟り」という意味の梵語を歌の中に折り込み、悟りを求める決意が込められている。

日本天台宗はこの年をもって始まりとしている。すなわち、ここからいまに続く日本天台宗の長い歴史が始まったのであった。

第一章
最澄の求法

桓武天皇との出会い

内供奉の勅を賜り平安京へ

比叡山下山

最澄は一乗止観院の建立後、経蔵や八部院を建立するなど比叡山の整備に取りかかるとともに、修行にまい進する。

最澄に大きな転機が訪れたのは、平安京遷都が挙行された延暦十三年（七九四）のことであった。遷都の勅が発せられる約一月半程前の九月三日から七日間にわたり、比叡山の一乗止観院で盛大な供養会が催されたのである。法会の奉行は桓武朝の有力者藤原小黒麻呂と紀佐教であり、その出席者には南都仏教界の高僧たちが並んだ。

この法会の目的は平安京の鬼門封じにあったと推測されている。新都予定地の鬼門にあたる位置に比叡山がそびえていたのである。

南都仏教界とは一線を画し、国家鎮護の新たな仏教を求めていた桓武天皇にとって、既存の仏教とは異質な天台の教えを唱える最澄との出会いは、まさに僥倖であった。

その最澄を桓武天皇に推薦したのは、天皇の側近和気清麻呂とも、朝廷勤仕の僧で最澄と親しい寿興だったともいわれる。

この出会いは最澄にも大きな飛躍をもたらした。

延暦十六年（七九七）、最澄は内供奉に任じられる。内供奉とは朝廷の内道場に仕えて天皇や国家の安泰を祈ったり、仏法を講じる職掌で、学徳兼備の者が選ばれた。定員が十人だったことから十禅師とも称される。さらに同年、一乗止観院は近江国の国税で諸経費を賄われることになり、官寺に等しい待遇を受けるまでになるのである。内供奉の勅を賜った最澄は、籠山十二年にして比叡山を下り、平安京に向かった。

天台宗の興隆へ

天台の教えを広めるため、最澄は積極的に活動する。

延暦十七年（七九八）十一月には、『法華経』の講義である法華十講と呼ばれる法会を開催した。

法華十講とは、『法華経』八巻、『無量義経』一巻と『観普賢経』一巻合わせて十巻を講義する法会である。

十一月に法華十講が行なわれたのは、中国で法華一乗の教学を確立した天台大師智顗の命日である十一月二十四日にちなんでのことだ。のち霜月会と呼ばれるようになり、現在も執り行なわれている。

延暦二十年（八〇一）十一月の法華十講では奈良各宗の学僧である勝猷、奉基、寵忍、賢玉、光証、観敏、慈誥、安福、玄耀を比叡山に招き、各宗派の立場から『法華経』を講説させ、三乗、一乗をテーマとする激しい議論が交わされている。

そして延暦二十一年（八〇二）、和気弘世、真綱の兄弟が和気氏の氏寺高雄山寺において催した法要で最澄の名声は確かなものとなった。講師に招かれた最澄は『法華玄義』『法華文句』『摩訶止観』すなわち法華三大部を講じて天台を説き明かし、多くの人々に感銘を与えたという。

この法会のお膳立てをしたといわれる桓武天皇もこれを褒め称え、天台宗のさらなる興隆を求めるようになったのである。

平城京の寺院で研究された南都六宗

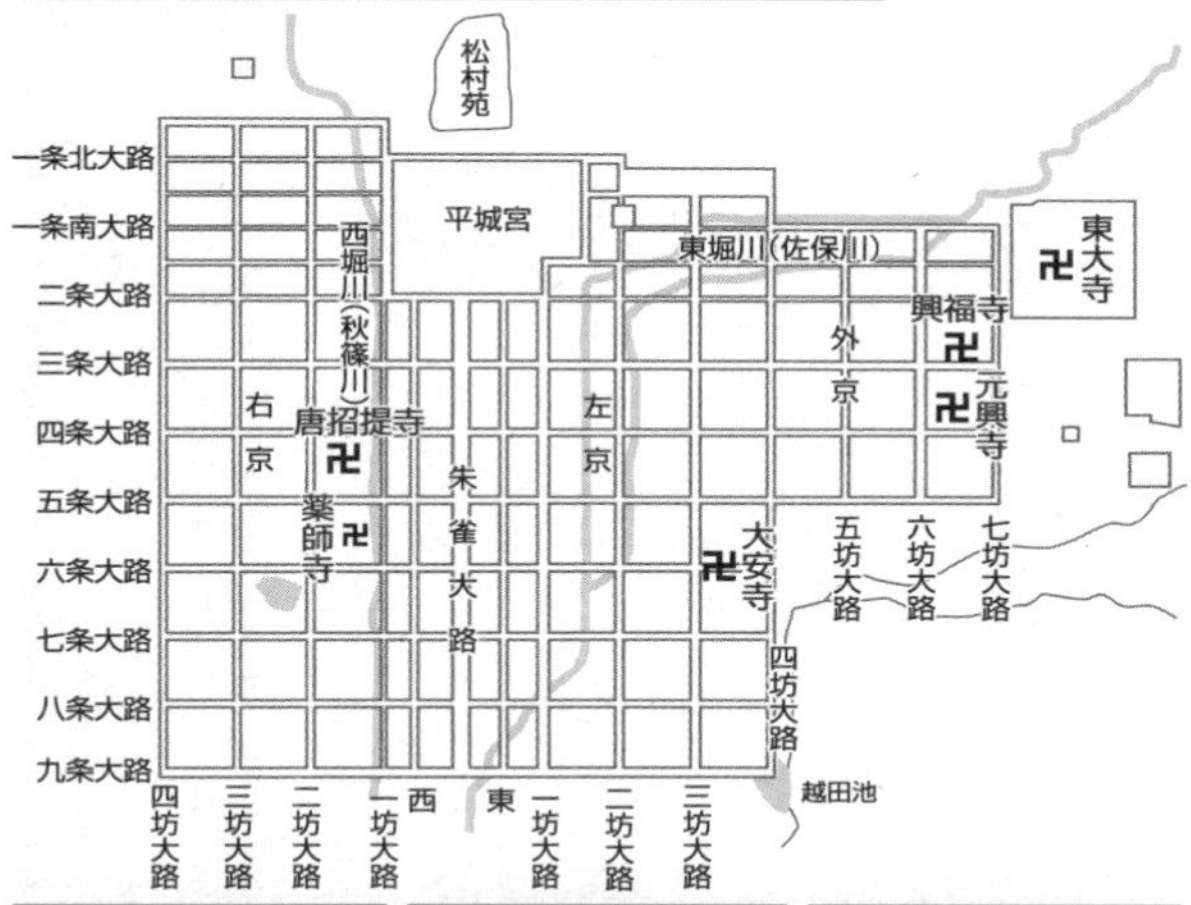

三論宗	成実宗	華厳宗
中国の僧・吉蔵が『般若経』の「空」を論じた『中論』『百論』『十二門論』に基づき、三論の教学を大成した。日本には推古33年（625）に伝来。本山は大安寺。	3～4世紀頃にインドで記された『成実論』をよりどころとする一派。南都六宗のひとつとされたが、平安時代になると、三論宗の付宗とされ衰退。	7世紀頃、中国で興った仏派で、『華厳経』を根本経典とする。奈良時代に日本に伝来し、東大寺が華厳宗の根本道場とされた。

律宗	法相宗	倶舎宗
戒律の研究を教義の中心とする仏派。日本には鑑真がもたらし、授戒制度が確立された。本山は鑑真が建立した唐招提寺。	玄奘三蔵がインドで学んだ唯識学を、弟子の窺基が大成した。7世紀に日本にもたらされ、南都六宗のなかでは最大派閥を誇った。興福寺、薬師寺を本山とする。	7世紀に日本にもたらされ、南都六宗の一派に数えられるまでになったが、のち法相宗の付宗となった。『倶舎論』は仏教の基礎学に位置づけられる。

最澄が世に出始めた頃、仏教界は南都六宗と呼ばれる宗派が牽引していた。

入唐

死しても天台の教えを究めたいという覚悟

還学生として留学決定

高雄山寺の講説で大成功を収め、桓武天皇から天台宗の独立を勧められた最澄は、天台の教えを究める思いをより一層強くし、唐への留学を望んで上表文を奉った。

そこには最澄の唐留学への思いが忌憚なく記されていた。

わが国の諸宗は、論を主とし、経を従とする「論宗」だが、天台は釈迦の説いた経に基づく「経宗」であり、天台こそ釈迦の根源の教えであると最澄は主張している。

そして入唐を望む理由として、「天台の教えを深めたいが、日本にある天台の典籍には誤字や脱字が多く、天台の深遠な意味を理解できていない。また直接天台の師から教えを受けなければ、日本で正統的なものとみなされない」の二点を述べている。そのため唐に赴いて天台の典籍を日本に請来するとともに、天台山で師

こらむ

遣唐使とは

遣唐使は７世紀から９世紀にかけて日本から唐に派遣された公式使節のことで、630 年の第１回から遣唐使派遣停止の 894 年までの間に、計 16 回渡海している。その目的は唐の制度・文物の導入にあったが、時代が経るにつれて政治外交、さらには僧侶の留学及び貿易の利益へとその目的は変化した。人員の構成は、大使、副使、留学生、学問僧、陰陽師ほか多くが同行した。

船は当初は１隻最大 160 人程度が乗船可能な帆船で、２隻編成、後期は４隻編成からなり一度の遣唐使の員数は多いときには 500 以上いたという。その航海は、糒（携帯食）と生水で飢えをしのぐ過酷なもので、嵐や高波、造船技術や航海術の未熟さなどから難破漂流も多い危険な旅であった。

伝の伝授を望むと記している。

この頃、日本から定期的に遣唐使船が運行されていたが、当時は造船・操船技術がともに未熟であったがために、船が難破漂流することはそう珍しいことでもなく、ときには命を落とすこともあった。まさに生死をかけた渡航だったのである。ここから、死を覚悟の上で、それでも天台の教えを究めたいという最澄の真摯な思いが伝わってくる。

この上表文に対して、朝廷では円基、妙澄の二人を留学生に任命し、天皇自らの思し召しで最澄を還学生に任命した。還学生とは必ず日本に帰って国家社会に貢献することが義務づけられた者を意味し、それに対して留学生は単に唐に留まって学ぶことを許可された者のことを指す。

最澄は「入唐請益天台法華宗還学生」として藤原葛野麻呂を遣唐大使とする第十六次遣唐使船へ乗船することになった。このとき、のち真言宗の祖となる空海も留学生として渡唐した。

期待された最澄の入唐

最澄の渡唐は、桓武天皇の肝入りで実現しただけに、かなりの期待が寄せられていた。

たとえば最澄は通訳として弟子義真の同行を願って許されているが、入唐僧として通訳を同行したのは最澄ただ一人である。また皇太子（のちの平城天皇）は『法華経』『無量義経』『観普賢経』を二部写させ、一部は比叡山へ、一部は唐の天台山の修善寺へ寄附している。

あわせて最澄に金銀数百両を渡航費用として賜ったが、このときの遣唐大使へ賜

九州の地に残る最澄の足跡

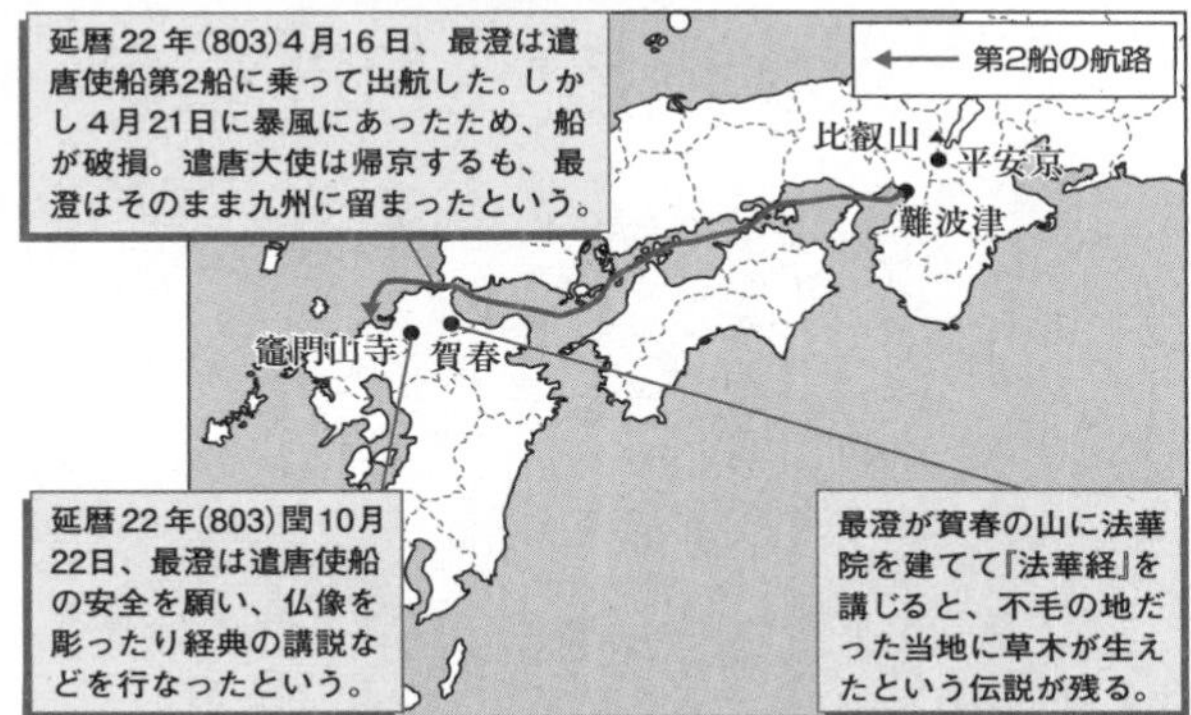

唐に向けて出発した最澄だったが、暴風に見舞われ出航が延期されたため、その間九州の各地の寺で航海の安全を祈願しながら渡航の日を待ったといわれる。

竈門山寺

福岡県太宰府市に鎮座する。大宰府建設の際、その北東の鬼門を封じるため、天智6年(667)に八百万の神を祀ったのが創祀だと伝わる。

伝教大師絵伝

最澄は延暦二十三年（八〇四）に入唐、天台教学や禅、大乗菩薩戒、密教を学んだ。図は最澄の入唐の場面を描いたもの。（比叡山延暦寺所蔵）

った額が二百両であることを考えれば、破格の金額であった。

こうして最澄は朝廷の期待を一身に背負い、延暦二十二年（八〇三）四月十六日に難波津を出発した。

しかし二十一日に嵐に見舞われ、船が破損するという憂き目にあう。

その後、最澄は九州へと渡り、太宰府竈門山寺で薬師仏を四体彫り、法華、涅槃、華厳、金光明などの経典を数回法説するなど、遣唐使船の出発を待ちながら九州各地の神仏に渡海の安全を祈った。

第一章
最澄の求法

天台山入山

「付法印信」を与えられ入唐の目的を果たす

漂流の末に唐の地へ

最澄が九州で約一年もの期間を過ごしたのち、延暦二十三年（八〇四）七月六日、肥前国田浦から四隻の遣唐使船が出港した。最澄は判官菅原清公らとともに第二船に乗船し、空海は第一船に乗船した。

ところが田浦を出港した翌日に暴風に遭遇し、四隻はちりぢりになってしまう。このうち第三船は遭難ののち辛くも日本に戻ることができたが、第四船の行方は知れない。空海の乗った第一船は八月十日、福州の赤岸鎮に漂着している。

第二船も海上を漂流したが、何とか明州の寧波府にたどり着くことができた。こうして渡唐を果たした最澄は、九月一日、長安に向かう遣唐使一行を見送った後、十五日、天台山に向かって旅立ち、二十六日に台州に到着した。

台州での州の長官陸淳との出会いが最澄に僥倖をもたらした。陸淳は最澄の求法の志を知ると入唐牒（入国査証）を与え、さらに写経生二十人を動員して百二十部三百四十五巻の経典を書写して贈るなど、最澄を手厚くもてなした。そして龍興寺を訪れていた天台山修禅寺の道邃を最澄に紹介した。道邃は中国天台宗第七祖にして、天台三大部を数十回も講じた天台随一の学僧だった。このとき道邃から教えを受けたことで、体系的に天台の教えを深く理解することができたという。

憧れの天台山へ

台州に十日間滞在したのち、いよいよ最澄は目的地である天台山へと至る。

当時の天台山は道邃と仏隴寺の行満が指導的立場にあり、最澄は行満から天台の法門を授かった。

そのとき行満は、「天台大師は自分の死後二百年にして、天台の教えは海を隔てた東国でも興隆するといわれた。その通り今、あなたがやってきた。私が知っているすべてを伝授するので日本に持ち帰り、教えを伝えて欲しい」と言い、最澄に『法華疏』、『涅槃疏』など天台の奥義八十二巻を与えた。

さらに最澄は禅林寺の翛然から達磨付法の牛頭山の禅を、国清寺の惟象から大仏

天台山への道程

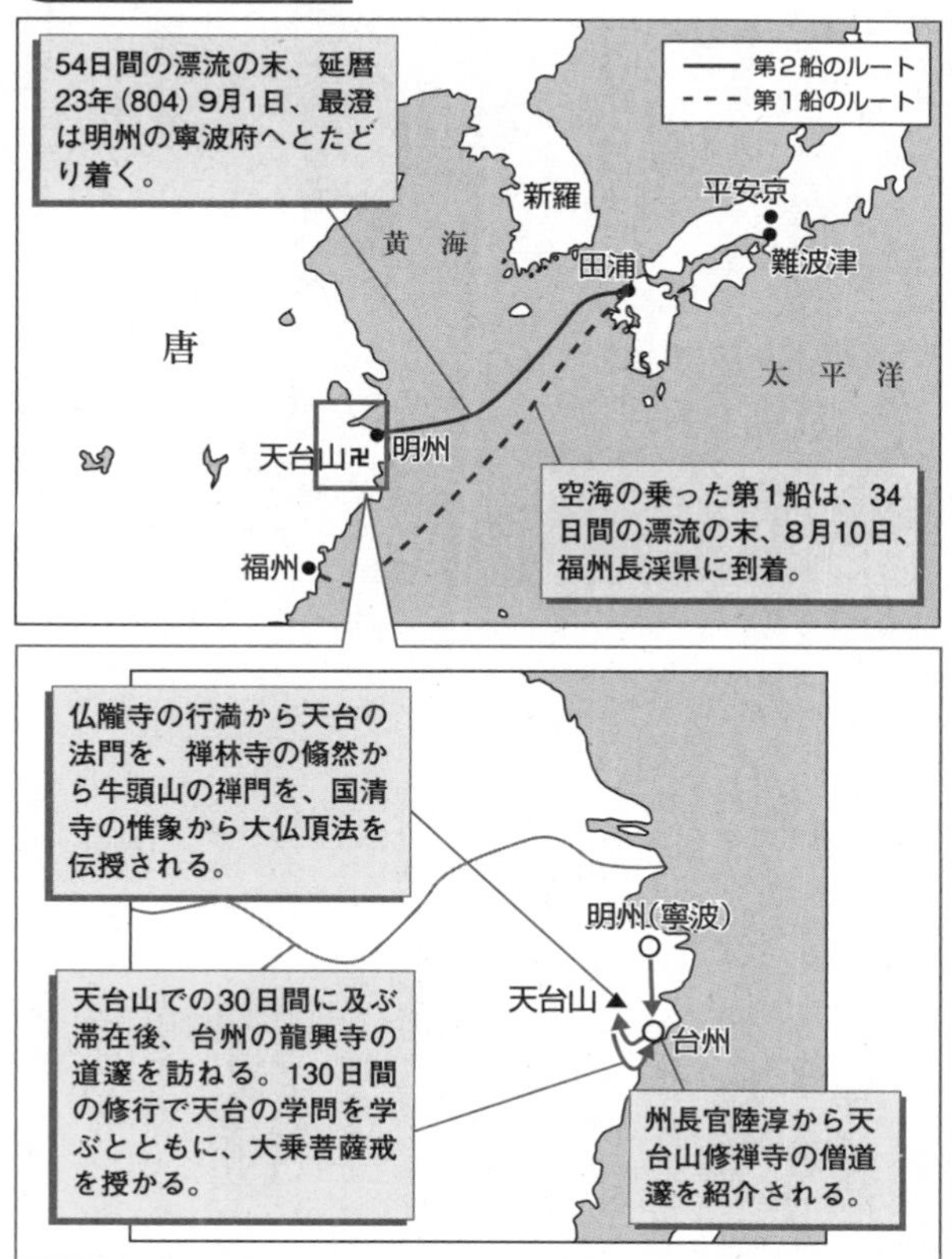

最澄は入唐後、天台山に入り天台の学問、法門を学ぶとともに大乗菩薩戒を授かった。

遣唐使船

平城宮跡歴史公園での復元展示。遣唐使船は当初は 2 隻、その後 4 隻が基本編成となり、1 隻に 120〜170 人程度が乗船した。

頂大契曼荼羅行事を伝授された。

こうして天台山で実り多き収穫を得た最澄は山を下りると再び龍興寺の道邃を訪れ、約百三十日間、天台の学問の教授を受けた。

ここで最澄は華厳や唯識の学問に関連する疑問を明らかにし、延暦二十四年（八〇五）三月二日には唐の僧二十七人及び義真とともに道邃から大乗菩薩戒を授けられた。そして後日、最澄が中国天台宗の伝法を成し遂げたことを証明する「付法印信」を道邃から与えられ、最澄は入唐の目的を果たしたのであった。

第一章
最澄の求法

密教授法

日本に初めてもたらされた純密

最新の仏教、密教への関心

天台の教えを修得するという入唐の目的を果たした最澄は、帰途に着くため延暦二十四年（八〇五）三月二十五日、明州に戻った。ところが船の出発まで約一か月半もの準備が必要であったため、最澄は越州に足をのばして龍興寺の順暁の門をたたき密教を学んだ。

じつは最澄は唐での滞在中、密教がインド伝来の最新の教えとして中国で勃興していることを肌で感じていた。そのため、この新しい教えをより深く学びたいと望んだのである。

密教は秘密仏教の略で、仏の秘密の教えという意味である。秘密とは、言葉で説き示したり意味を理解したりすることができない、言葉を超えた真実という意味だ。そのため密教の修行者は手に印契を結び、口に真言を唱え、心を一つの対象に専注する三密の瑜伽行を修し大日如来と一体に、すなわち成仏することを目的とする。

五、六世紀にインドで原初的な密教が起こり、七世紀頃根本経典の『大日経』及び『金剛頂経』が成立した。

『大日経』や『金剛頂経』が成立する以前にも密教的な咒文（ダーラニ）を説く法門もあったが、それらは思想と修行が体系化されていないことから「雑密」と呼ばれ、それに対して両経典を基本とする密教は「純密」と呼ばれた。純密は八世紀前半、中国に伝えられ、神秘的なその教義はたちまち脚光を浴びた。

●順暁から密教伝授

順暁は金剛智系（『金剛頂経』中心）の不空三蔵の高弟であり、善無畏系（『大日経』中心）の付法も受けていたといわれる。順暁は最澄の求法に快く応じ、四月十八日、灌頂道場で『大日経』に基づく胎蔵界の三部三昧耶の灌頂を授け、印信を与える。さらに『金剛頂経』に基づく金剛界五部の灌頂も授けたのである。

灌頂とは密教で最も重要な作法で、師から弟子へと法が伝えられることを意味し、

密教の伝播

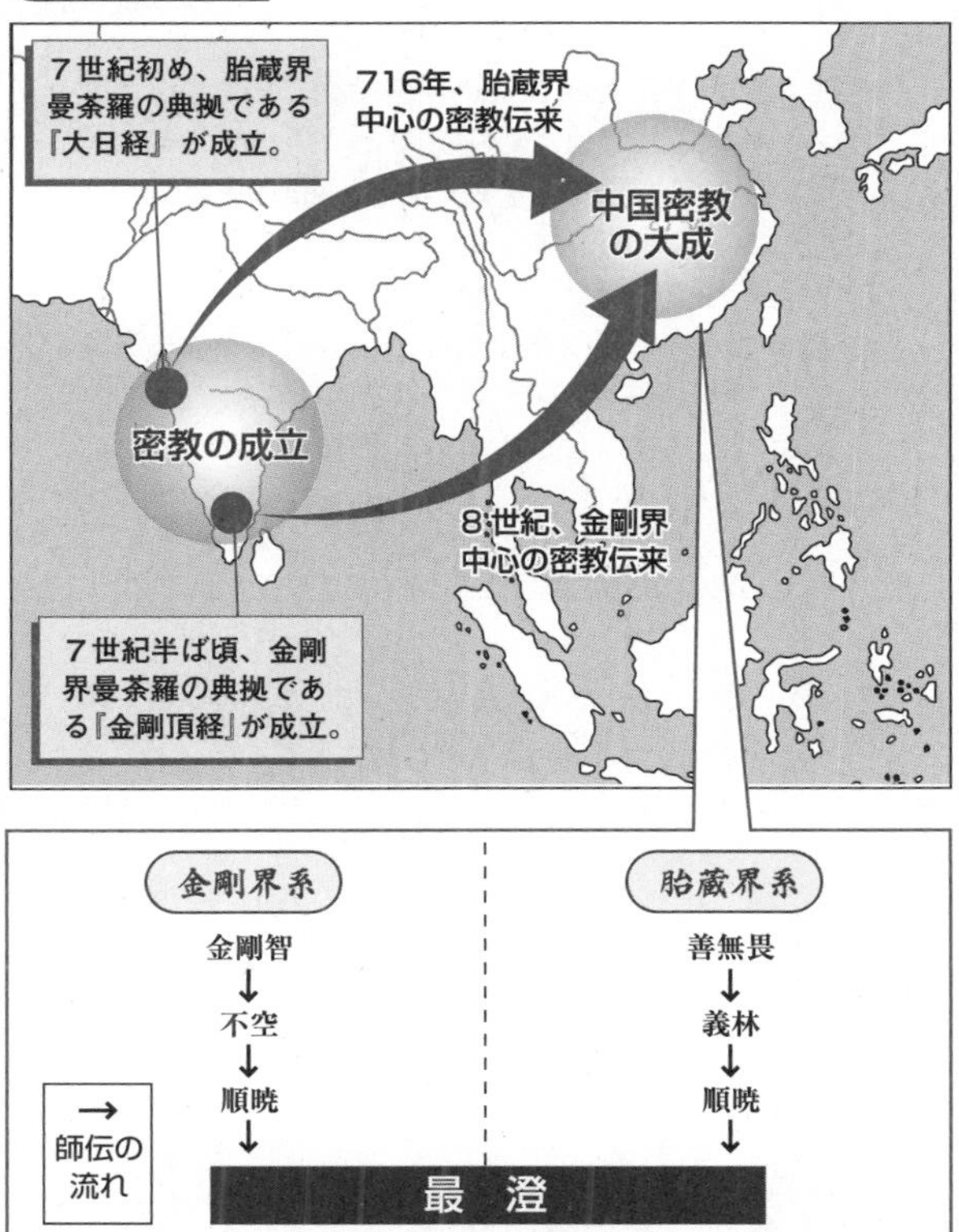

インドで誕生した密教は、８世紀に中国に伝来した。伝来当初、中国密教は胎蔵界系（善無畏系）と金剛界系（金剛智系）にわかれていたが、最澄は不空の弟子・順暁から胎蔵・金剛界両部の灌頂を受けた。

こらむ

曼荼羅

曼荼羅は円や正方形の幾何学的な図形の中に仏像が配置された図絵で、密教の儀式などに用いられる仏具である。サンスクリット語であるmandalaを音訳したもので、本来は本質、すなわち仏の悟りを得ることを指す。また悟りを得た場所や道場をも意味し、壇上に仏菩薩の像を集めて安置した姿や仏菩薩の集合像を描いたものも曼荼羅と呼ぶようになる。

一般的には布や紙に描かれたものが知られるが、初期の曼荼羅は地面に砂や粉で描かれ、修法が終わるごとに消していたといわれる。

これで受者は阿闍梨（教授）となり弟子に伝授することができる。

さらに順暁の世話で百二部百十巻に及ぶ多くの書物や五鈷抜折羅様などの五種七口の仏具を得た最澄は、明州へと戻った。このとき明州の長官は「最澄闍梨は性は生知の才を稟け、来ること礼儀の国よりし、万里に法を求め、険を視ること夷の如く、艱労を憚らず、神力保護す……」と最澄を絶賛し、印信を与えている。

こうして天台のみならず、禅、大乗戒、密教を学んで大きな成果を得た最澄は五月十八日、今度は第一船に乗って明州より出港し、六月五日対馬に到着した。

そして七月四日に帰朝復命し、十五日

には伝来した典籍二百三十部四百六十巻、密教の仏具などを記した『将来目録』に『進官録』を添えて奉っている。

このとき、空海はいまだ唐で修学の日々を送っていた。こうして空海に先駆けて最澄が日本に初めて純密をもたらしたのである。

『大日経』

國譯大（一）毗盧遮那成佛神變加持經

卷の第一

（二）入眞言門住心品第一

（三）是の如く我聞けり、一時（四）薄伽梵、如來、加持廣大金剛法界宮に住し給ひ、一切持金剛者悉く集會せり。（五）如來の信解遊戯神變より生ずる大樓閣寶王は、高して中邊無く、諸の大妙寶王を以て種種に間飾し、菩薩の身を師子座と爲す。（六）其金剛を名て、（七）虛空無垢執金剛、虛空遊歩執金剛、虛空生執金剛、被雜色衣執金剛、善行歩執金剛、住一切法平等執金剛、哀愍無量衆生界執金剛、那羅延力執金剛、大那羅延力執金剛、妙執金剛、勝迅執金剛、無垢執金剛、刃迅執金剛、如來甲執金剛、如來句生執金剛、住無

【一】毗盧遮那は日の別名なり故に大日と云ふ。

【二】眞言門とは、曼荼羅を云ふ。曼荼羅に入て吾人の固有せる本覺の菩提心に安住す、故に住心と云ふ。

【三】以下通序なり、廣本の梵本に依て三藏之れを加ふ。

【四】經主成就。

【五】處成就。


『国訳大蔵経 経部 第 10 巻』（国民文庫刊行会 編）より。

（国立国会図書館所蔵）

日々のお勤め

—苦しみ迷う者に与えられる読経の功徳—

天台宗では、朝に『法華経』を、夕方に念仏を唱えるお勤めが一般的となっている。これは苦界に迷うわれわれ凡夫が、お釈迦様の教えを唱えることで、日ごろの過ちを反省し、励ましを与えられることを願い、また、先祖に感謝するものでもある。さらにお経を読むことで、本来誰の中にも備わっている仏性が現われ、仏と一体になることができる。

一般の信徒は、檀信徒用に著わされた『在家勤行儀』に基づいてお勤めを行なう。それによると、仏・法・僧の三宝に対して礼拝する「三礼」、仏道精進を誓う「三帰依文」、仏教の信者になることを誓う「三帰三竟」、仏道を目指す決意を四行にまとめた「四弘誓願」など全部で19の経文がある。それらをすべて唱えなければならないというものではなく、時と場合に応じて適宜選べばよい。むろんこれらの中の1つでも構わないし、お気に入りの経文を取り上げて心からそれを読むのも立派なお勤めである。

お勤めの際に欠かせないのが数珠だ。数珠は玉1つひとつが人間の煩悩を表わしているといわれるため、108玉のものが一般的となっている。天台宗でおもに用いられるのは108個の平珠のものである。これには大きな母珠が1個と四天と呼ばれる小さな珠が4個つけられている。数珠は一般的には左手首に2重にしてかけておき、念珠をするときは両手の人差し指と中指の間にはさみ、房を下に垂らす。

お勤めをするときには、まず仏壇に向かう前に口をすすぎ、手を洗って体を清める。そして仏壇に水や供物、花などを捧げ、ろうそくの明かりをともし、線香に火をつける。ろうそくの火は灯明と呼ばれ、知恵の徳を表わしたもの。仏の知恵が凡夫のさまざまな迷いに一筋の明かりをともしてくれる扉となることを願うものなのである。

第二章　最澄の苦難

天台宗の公認

既存の仏教界に風穴を開けた待望の独立

天台教学の本場、唐で天台の教えを学んだ最澄は、日本にその法灯を伝えようと決意を抱いて帰国した。

日本で初めての灌頂

桓武天皇はその帰国の報告を受け、天台の法門を天下に広めるべく、最澄請来の天台の典籍を書写させた。この書写が終わったのは弘仁六年（八一五）三月のことで、南都の七大寺に安置された。一方で当時病床に伏していた天皇の病気平癒のため、最澄の持ち帰った密教がもてはやされることとなり、早速官寺の僧たちに灌頂を行なうよう最澄に勅が下された。

延暦二十四年（八〇五）八月二十七日には新たに灌頂道場が建立された。そして九月七日、最澄は高雄山寺において、日本で初めて灌頂を行なった。このとき八人の僧が灌頂を受けたが、このうち光意と円澄は天皇の代理として灌頂を授けられ

高雄山寺での灌頂

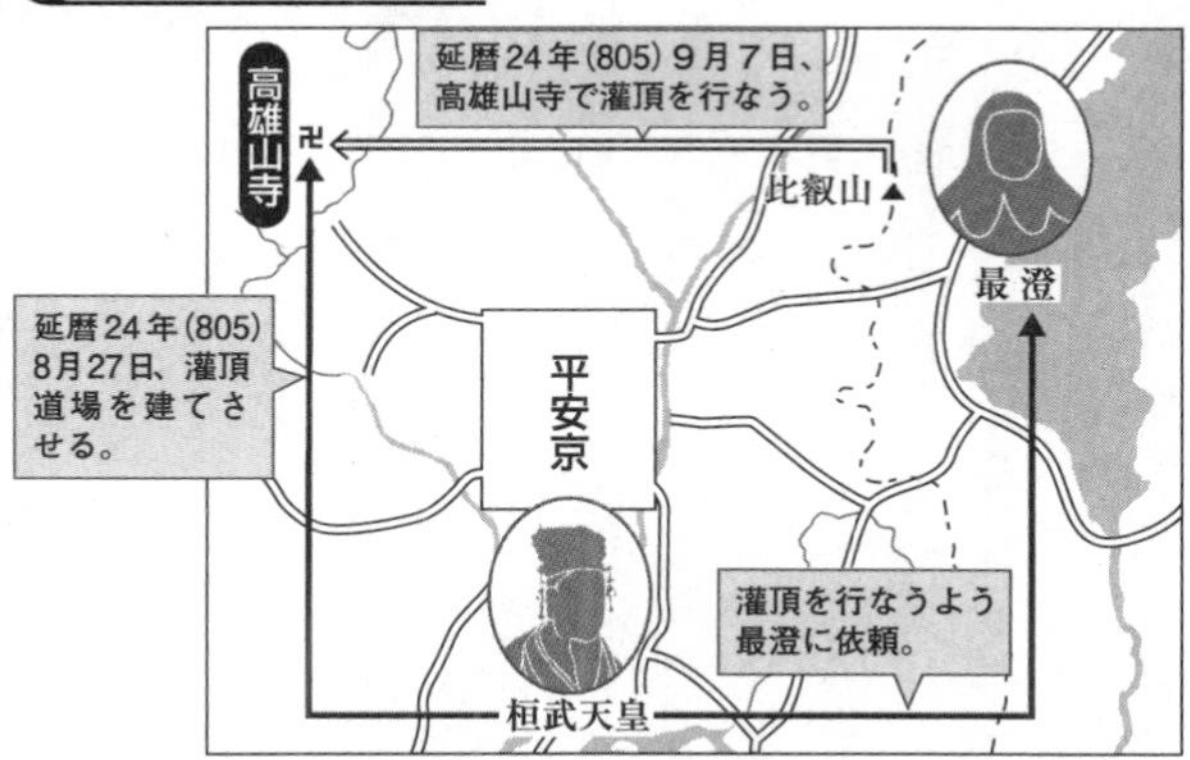

最澄が唐から帰国したとき、桓武天皇は病に冒されていた。そのため天皇は病気治癒に効果があるとされた密教に期待し、最澄に灌頂を授けるよう命じた。

ている。その後天皇が立て続けに自分のために灌頂を行なうよう命じていることをみても、天皇の密教への期待の高さの程がうかがえる。

密教の修法により天皇の最澄に対する信任は絶大なものとなったが、天台宗の基盤確立と発展のために生死をかけてまで入唐した最澄にとっては不本意な事態であった。

天台宗が独立した宗派へ

最澄もそのまま手をこまねいていたわけではなかった。

大同元年（八〇六）正月、最澄は天台宗の年分度者の認可を願う上表文を奉った。年分度者とは毎年得度出家することを許される者のことで、その人数は朝廷から宗派ごとの割当てが決められていた。そのため最澄は華厳宗に二人、天台法華宗に二人、律宗に二人、三論宗に三人（成実宗を含める）、法相宗に三人（倶舎宗を含める）の枠を割り当てるよう上奏したのである。

これは当時の仏教界に一石を投じるものだった。

それまで年分度者は南都六宗に対して毎年十人であったが、延暦二十二年（八〇三）に発せられた勅によると三論宗五人、法相宗五人の計十人だった。これに対して最澄は「一目の網で鳥を捕まえることができないように、一つ二つの宗派でどうして広大な仏教を汲みつくすことができましょうか」とこの現状に苦言を呈したのだった。ここで注目すべきは、最澄はあくまで日本国の護持と人民の福利に寄与することを理想とし、日本仏教のあり方を改革しようとした点にある。

正月二十六日、最澄の上奏は受け入れられ、得度令改正の勅許が下った。そして天台宗は二人の年分度者の枠を認められた。ところが、そのうちの一人は密教を学ぶことを義務づけられたのであった。ともかく、こうして天台宗は南都六宗に比肩する国家公認の宗派となった。最澄、四十一歳の時だった。

延暦25年(806)時の年分度者の割り当て

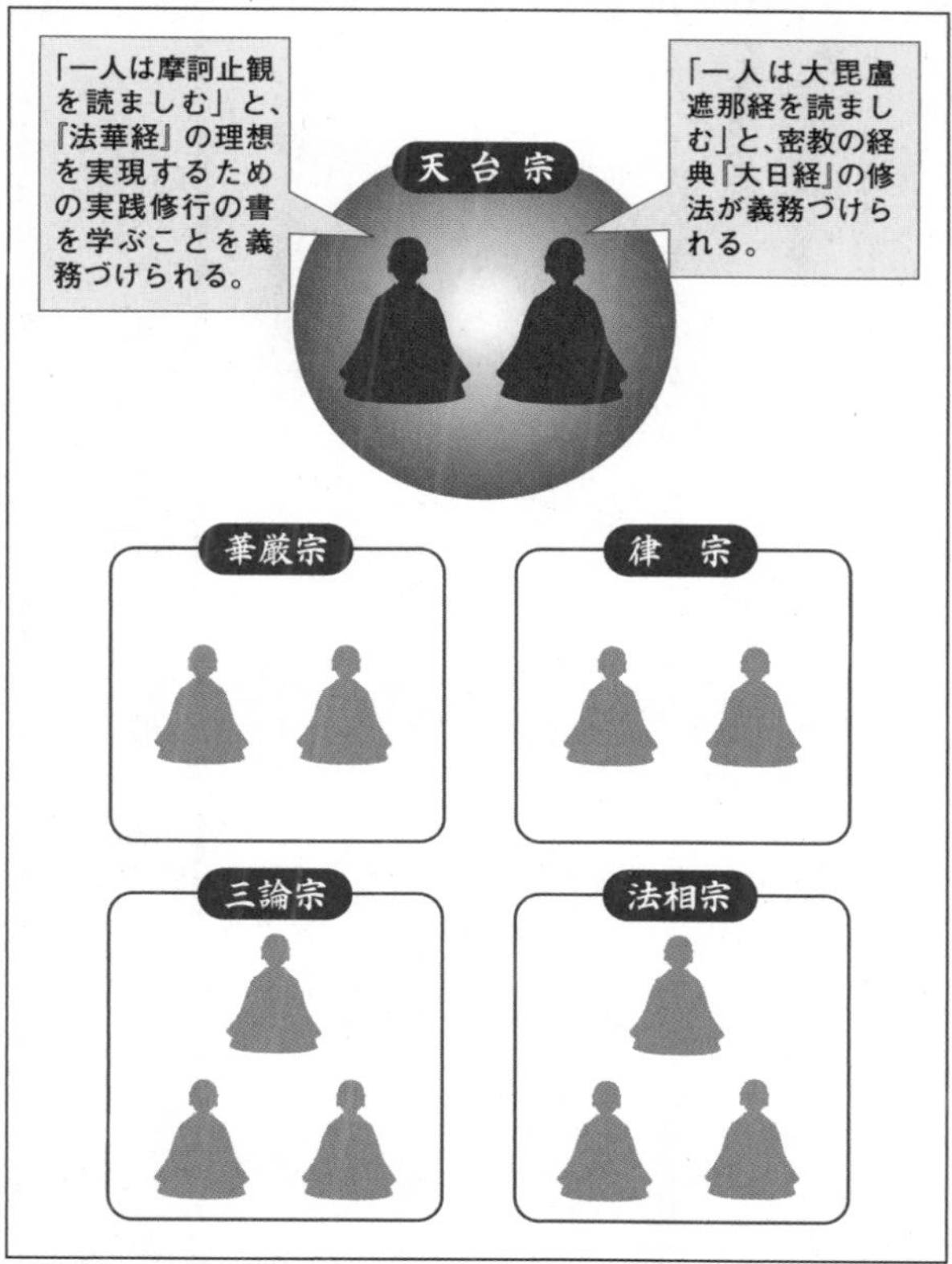

「一人は摩訶止観を読ましむ」と、『法華経』の理想を実現するための実践修行の書を学ぶことを義務づけられる。
天台宗
「一人は大毘盧遮那経を読ましむ」と、密教の経典『大日経』の修法が義務づけられる。
華厳宗
律宗
三論宗
法相宗

最澄の上表文によって年分度者２人の枠が天台宗に割り当てられたが、このとき天台教学のみならず密教の修学をも命じられた。

第二章 最澄の苦難

空海との軋轢

経典の借用と弟子の帰山を巡っての断絶

密教の正統な後継者出現

宿願の天台宗独立を果たし、名実ともに日本仏教の第一人者となった最澄。そんな折、大同四年(八〇九)七月、密教の大家恵果から正統な後継者と認められた空海が帰国した。

空海の入京は、密教における最澄と空海の立場を逆転させた。折しも時代は、時の嵯峨天皇が密教に傾倒するなど以前にも増して密教を求めていたのである。たちまち人々は密教の奥義をすべて学んだ空海のもとに参集するようになり、遣唐使船で出発したときには無名の僧だった空海は一躍時の人となった。

しかし、最澄は謙虚な人であった。空海の請来した密教を知り、自身の密教が完全ではないことを自覚すると、天台宗の密教をより充実させるべく空海に教えを乞うたのである。

空海から密教を学ぶ最澄

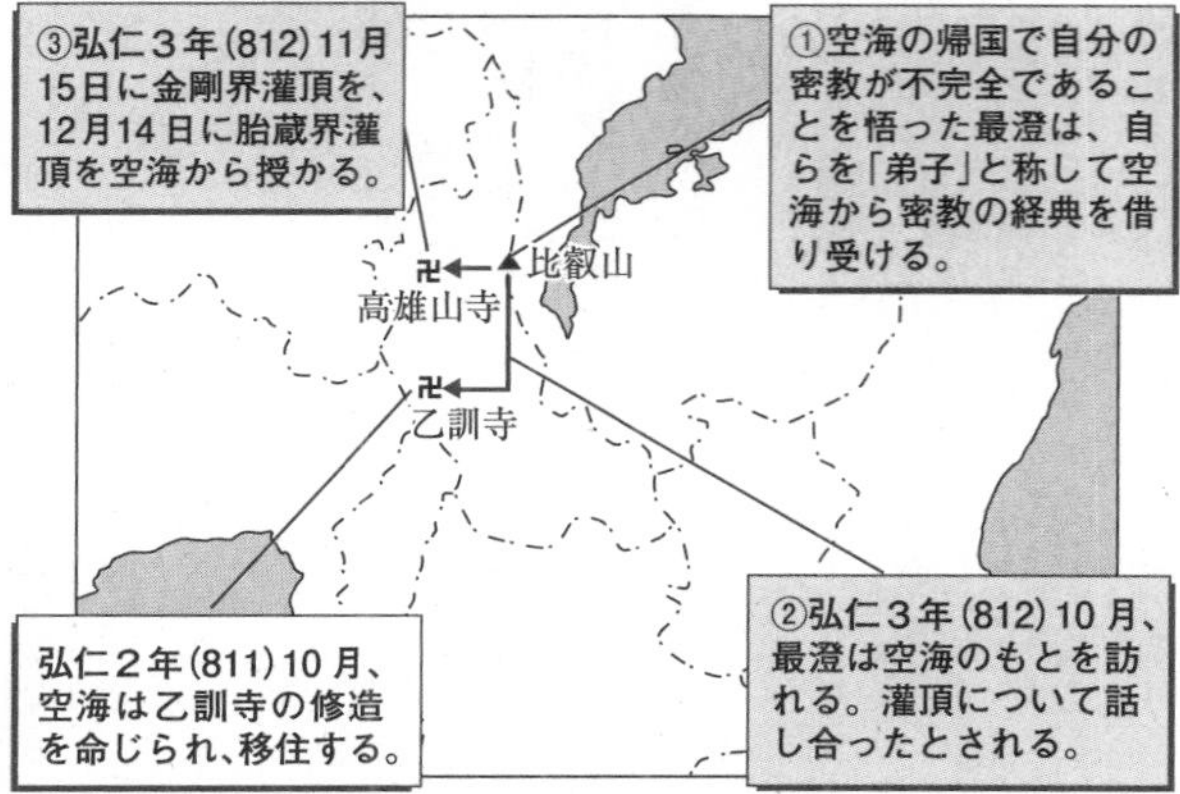

自身の密教を確かなものとすべく、最澄は空海から灌頂を受ける。これは、最澄が空海の弟子になったことを意味していた。

八月には密教書物の借用を要請する手紙を空海に出し、最澄と空海は書物の借用を中心とした手紙での交流を行なうようになる。弘仁二年（八一一）八月十九日の手紙には「密教を学ぶにふさわしい人材を探し、相談しあって真言密教を伝えていきたい」とあり、最澄は自らの修得だけでなく、天台宗の年分度者の一人に必要な『大日経』を修める者の育成の助力を空海に願っていたとみられている。

そして弘仁三年（八一二）十月、乙訓寺の空海を訪れた最澄は、空海に頭を下げ灌頂を要請。十一月十五日に高雄山寺において最澄は金剛界灌頂を、十二月十四日には胎蔵界灌頂を授けられた。こうして最澄は空海の弟子になったのである。

しかし二人の蜜月はそう長くは続かなかった。最澄が空海から授かった二つの灌頂は持明灌頂と呼ばれるもので、密教への入門許可のものに過ぎなかった。そこで最澄は灌頂の最高の段階、伝法阿闍梨の灌頂を空海に要請したが、空海は三年間の実修が必要として最澄の要請を断った。空海としては、密教は師から直接教えを受けて得られるものであり、書物の書写のみで理解しようとする最澄の姿勢が不満だったのだ。しかし天台宗の責任者である最澄が、三年間も空海の下で修行することとは無理な話であった。

●考え方の相違

二人の考えの違いは『釈理趣経』の貸用を巡りさらに決定的となった。この経の借用を申し入れてきた最澄に対し、空海はこの書は書写するだけでは内容の理解に誤解を招き、密教の真髄を極めることはできないとしてそれを拒絶した。

弘仁七年（八一六）には最澄の弟子を巡る対立から、両者の関係は疎遠になって

神護寺（高雄山寺）

弘仁３年（812）、この地で最澄は空海から灌頂を授けられた。高雄山寺は天長元年（824）に神願寺と合併し神護寺となった。

いく。

最澄が比叡山の後継者にと願うほどの愛弟子泰範が修行に出た空海の下に留まって帰山せず、最澄に絶縁状を送りつけてきたのである。

それは空海が書いたもので、法華の教えと真言密教は一乗仏教という点で一致したものであるとする最澄に強く反発し、真言密教の優位性を主張するものだった。

ここに至り、二人は別々の道を歩んでいくことになった。また、最澄の理論は後世の祖師（安然など）に遺された課題となった。

第二章
最澄の苦難

歴訪の旅

比叡山を中心とした国家鎮護の結界づくり

九州と関東へ

空海と道を違えた最澄は、弘仁五年（八一四）の春、九州へと旅立った。

九州への旅は、入唐の際、筑紫、豊前の神々に旅の無事を祈願し、その願いが成就したことへの謝恩が目的だった。瀬戸内海を船で渡り、九州へ上陸した最澄は、まず宇佐八幡宮に参拝すると、そこに白檀で彫った千手観音像を安置した。そして境内に宝塔を建て、『大般若経』二部一千二百巻、『法華経』一千部八千巻を書写する計画をたてた。さらに宇佐八幡の神宮寺では八幡大神が最澄に手ずから紫の袈裟と紫衣を授けたという。

続いて最澄は田河の香春神宮寺に詣でると、ここでも『法華経』を講じ、神恩に感謝を捧げた。この香春には、入唐の際に最澄が『法華経』を講じて以降、製銅の煙で草木が生えていなかった香春岳に一夜にして樹木が茂ったという伝説が残る。

宇佐八幡宮

大分県宇佐市に鎮座する宇佐八幡宮。奈良時代には鎮護国家の神として崇拝され、平安時代から豊前国の一宮となる。明治6年(1873)に宇佐神宮と改称された。（提供：宇佐神宮）

その後、太宰府の東北にそびえる竈門山にも宝塔を建てたのち、太宰府の観世音寺にある戒壇院を視察して比叡山に帰山した。約一年三カ月に及ぶ旅だった。

弘仁八年（八一七）に入ると、今度は東国を目指して東山道を下った。『叡山大師伝』によると、「かねてより東国に赴いて教化活動を行ないたいという願いを持っていた」とある。また東国はかつて比叡山に『一切経』を具える際、それに協力してくれた鑑真の弟子道忠ゆかりの地であり、その遺志を継いだ門下が活躍している場所を訪れることも目的の一つだったと考えられている。

最澄は旅の途中で、神坂峠の西側の美濃に広済院を、東側の信濃に広拯院を建立した。これは旅行者の休息施設にあたる。

最澄は民間伝道や社会福祉事業など利他行の必要性を挙げており、まさしくこれを実行に移したのである。

その後東国へと至った最澄は、下野国の大慈院（現・大慈寺）と上野国の浄法寺において『法華経』一千部八千巻を書写し、それぞれに宝塔を建ててこれを安置した。さらに大慈院では円仁、徳円、そして広智に円頓菩薩大戒などを授けている。また浄法寺においては円澄と広智に胎蔵・金剛両部の灌頂を授けた。

胸に秘めた壮大な野望

これらの九州と東国への旅は天台宗の拠点づくりとともに、ある壮大な計画の一環でもあったともいう。

のちに書き残した『六所造宝塔願文』のなかに、国家鎮護のために全国六か所に多宝塔を建立しようとしていたことが記されている。

最澄の道程

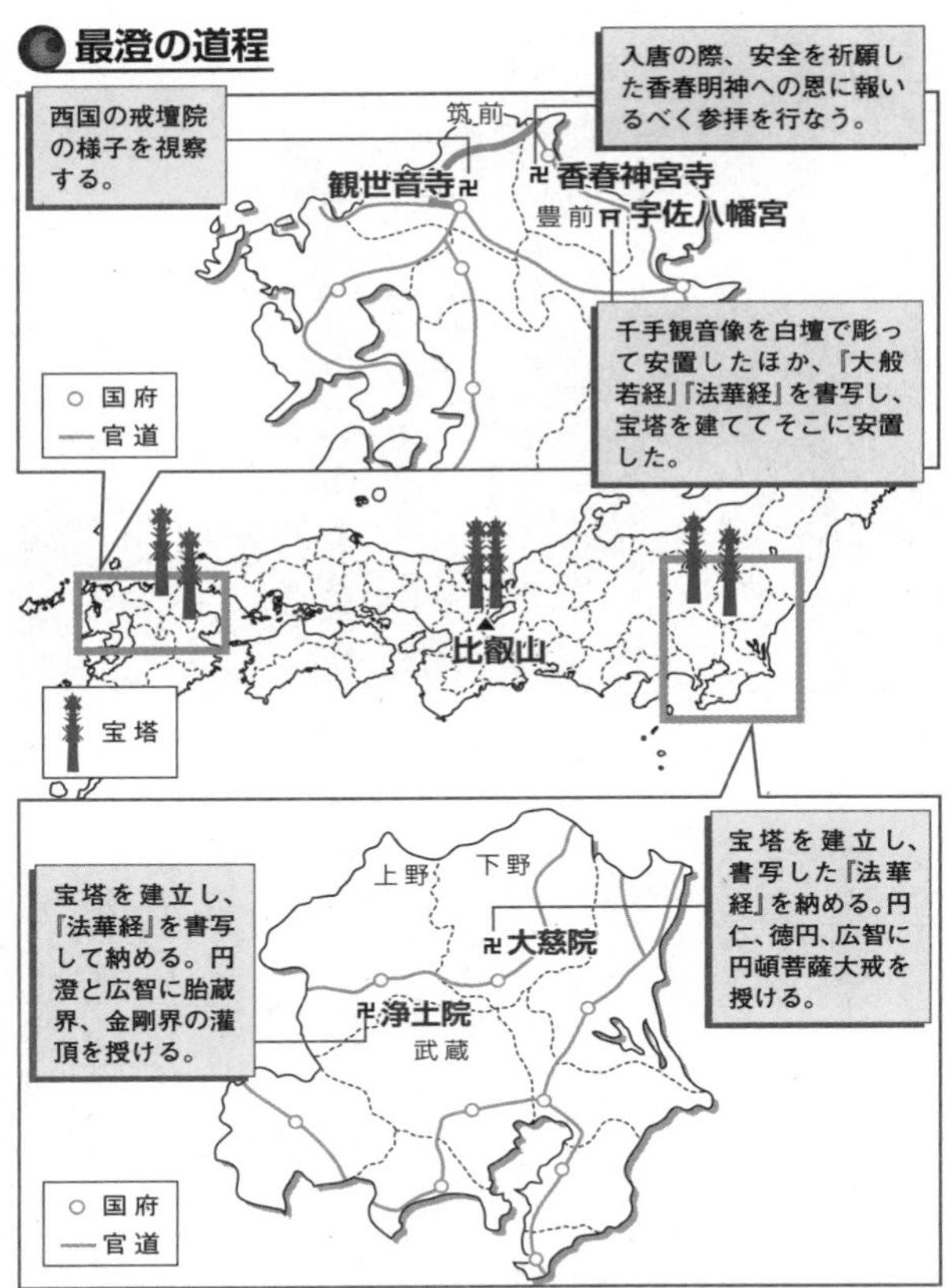

最澄は九州と東国に赴き、教えを広めるとともに宝塔を建立した。全６塔を建立する計画だったといい、比叡山を中心とした国家鎮護の結界を築こうとしたと考えられている。

浄法寺

神亀年間（724〜729 年）の創建と伝わり、当初は緑野寺と称した。9 世紀前半に最澄が東国教化の道場として再興した。

東は上野、西は筑前、北は下野、南は豊前、中は山城（比叡山西塔）、統括として近江（比叡山東塔）に多宝塔を建設するというものである。そしてそれらのなかには『法華経』を納めた。

これらを俯瞰してみると、最澄は比叡山を中心として六宝塔による結界を築くことで、国家安寧のシステムを築き上げようとしたことがうかがえる。

その最澄の理想の行き着く先は、『法華経』を根本に据えた一乗仏教による日本を実現することにあったのだろう。

第二章
最澄の苦難

徳一論争

仏教史上に残る教えの解釈を巡る大論争

法相宗の徳一

最澄は順調に天台の教えを広めていったが、その一方で天台教学に対する批判が南都仏教側から巻き起こっていった。ことに東北を拠点に活動する法相宗（ほっそうしゅう）の徳一（とくいち）との間に、仏教史上に残る大論争を繰り広げることになる。

徳一は奈良時代の公卿恵美押勝（えみのおしかつ）の子といわれるが、出自（しゅつじ）については明らかではない。南都で『瑜伽論（ゆがろん）』二百巻を中心として法相宗を学んだのち、二十代で東国に赴き、民衆の教化にあたった。

東国には徳一が開いた寺が五十以上あるといわれ、東国化主（けしゅ）と呼ばれるほど広く足跡を残している。最澄が東国に下向（げこう）した頃の徳一は、会津（あいづ）の恵日寺（えにちじ）に座して布教活動につとめていた。

論争の発端となったのは『依憑天台宗（えひょうてんだいしゅう）』で、最澄はその中で諸宗を批判し、天台宗が優れていることを説いた。これに対して徳一は『仏性抄』を著わして最澄の教説を真向から批判したのである。

両者の論争は文書、書物などを通じて行なわれた。徳一の側に『仏性抄』、『中辺義鏡』『慧日羽足』『遮異見章』があり、最澄は『照権実鏡』『守護国界章』『決権実論』『法華秀句』などでもってそれに反論した。

誰にも仏性が具わっているのか

その論点は「すべての人は仏になることができる」という『法華経』の一乗の教えは権教（方便として説かれた権の教え）か真実の教えかにあった。

徳一は『仏性抄』で、『法華経』の一乗（誰でも仏になれる）の教えは釈迦が多くの人々を仏道に引き入れるために方便として優しく説いた教えであり、権の内容に過ぎないと主張した。現実的には仏になりえない者がいるという三乗の思想が釈迦の真意だとして、一乗真実を説く最澄を真っ向から批判。三乗真実、一乗方便であると主張した。

これに対し最澄は『照権実鏡』の中で三乗の教えは釈迦が聞き手の能力に応じて

徳一の足跡

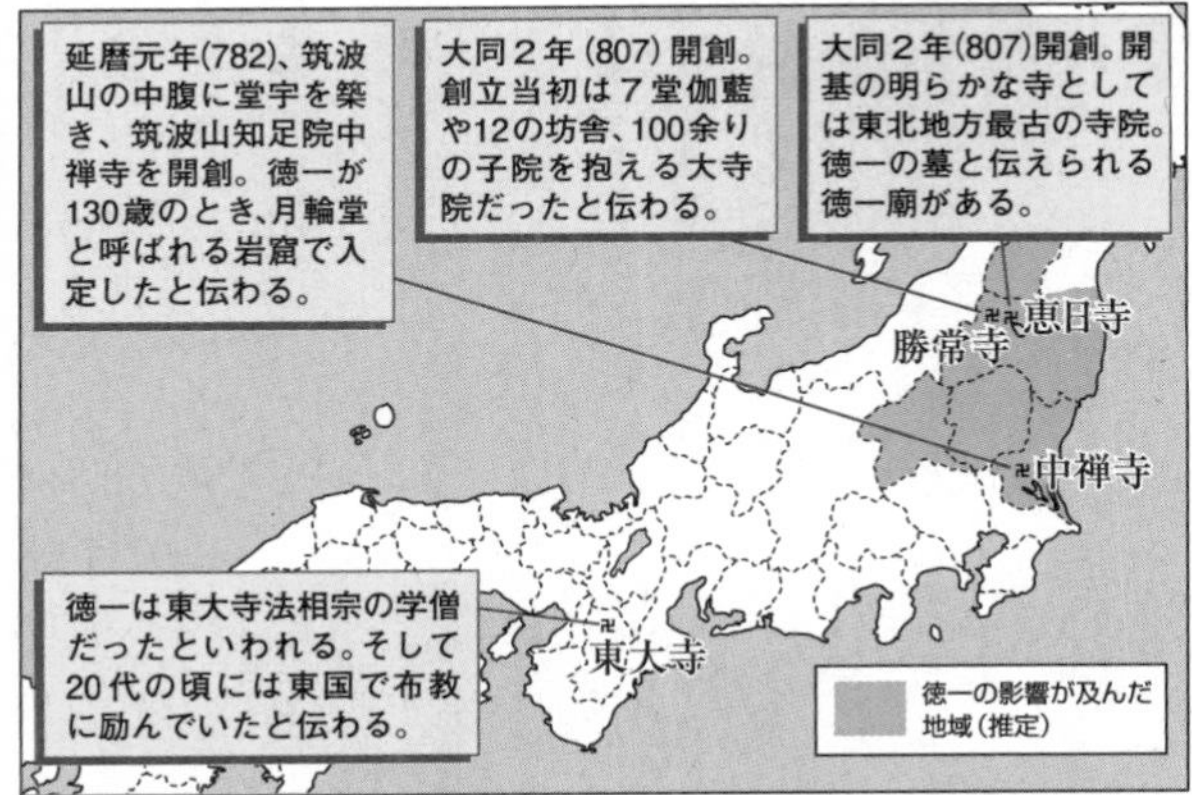

福島県を中心に、徳一が開基したと伝わる寺院は50か所以上にのぼるという。

説いた権の教えであり、『法華経』の一乗の教えこそ真であると論破した。三乗真実に立つということは、声聞（自己の悟りのみを求める者）、縁覚（独自に悟りを開くが他者に説くことなく終わる者）、菩薩の三つを厳格に峻別することになり、仏になれる者を菩薩に限定する、いわば差別思想に立つ仏教ということになる。これは、仏教の本来の目的であるいかなる人も捨てないという理想とかい離する。そして『決権実論』で、『法華経』にある長者の家が火事になったたとえ話を挙げ、徳一の解釈を批判した。

長者が家の中にいる子どもたちを助けるために、欲しがっていた羊の車、鹿の車、牛の車を用意したと声をかけると、子どもたちが外へ飛び出した。外の道には大きな白い牛車が用意されており、子どもたちはこれに乗って難を逃れたという話である。

最澄は、羊、鹿、牛の三車は三乗を意味し、子どもたち（三乗）を燃えさかる家から外へと誘い出すための作り話だとする。そして大きな白い牛車にたとえられる一乗の教えだけが真実であると説いた。つまり一乗の教えは三乗をも包み込む包括的な教えであり、最澄は四車の範囲で理解した。

これに対して徳一は三車の牛車こそ白い牛の牛車だと考え、三車の範囲で理解したのである。これはインド、中国においても行なわれてきた「誰にも仏性があるのかないのか」という仏教史上最大の思想的な論争に通じるものだ。それがこの日本において初めて展開されたのである。これを三一権実論争（さんいつごんじつろんそう）といい、最澄の死の前年までじつに足かけ九年にも及んだ。

しかしこの二人の論争の最終的な決着はつかなかったとみられる。

木造徳一菩薩像

徳一の自作と伝えられる。欅の一木彫で、現在勝常寺に安置されている。
（勝常寺所蔵・湯川村教育委員会提供）

南都仏教との対立

大乗戒壇の設立を訴えた最澄の宗教改革

徳一との論争に代表されるように、最澄は天台の教えを広める一方で、南都仏教側との対立を深めていった。

弘仁六年（八一五）八月に南都の大安寺で行なわれた『法華経』講義では、南都の高僧たちはこぞって最澄に非難の声を浴びせたという。

しかし、一乗の教えこそが国家を守護し、人々を幸福に導くものであるという最澄の信念が揺らぐことはなかった。そして最澄は意を決して、比叡山に国家公認の大乗仏教の戒壇設立を唱えたのである。

独自の戒壇設立を主張

当時は奈良の東大寺、下野の薬師寺、筑紫の観世音寺の三か所に戒壇が置かれていたが、これらの場所で授けられる戒律は小乗仏教の『四分律』によるものだった。小乗の戒では小乗の僧となってしまい、彼らには護国利民を実現できないと最澄は

戒壇独立の動き

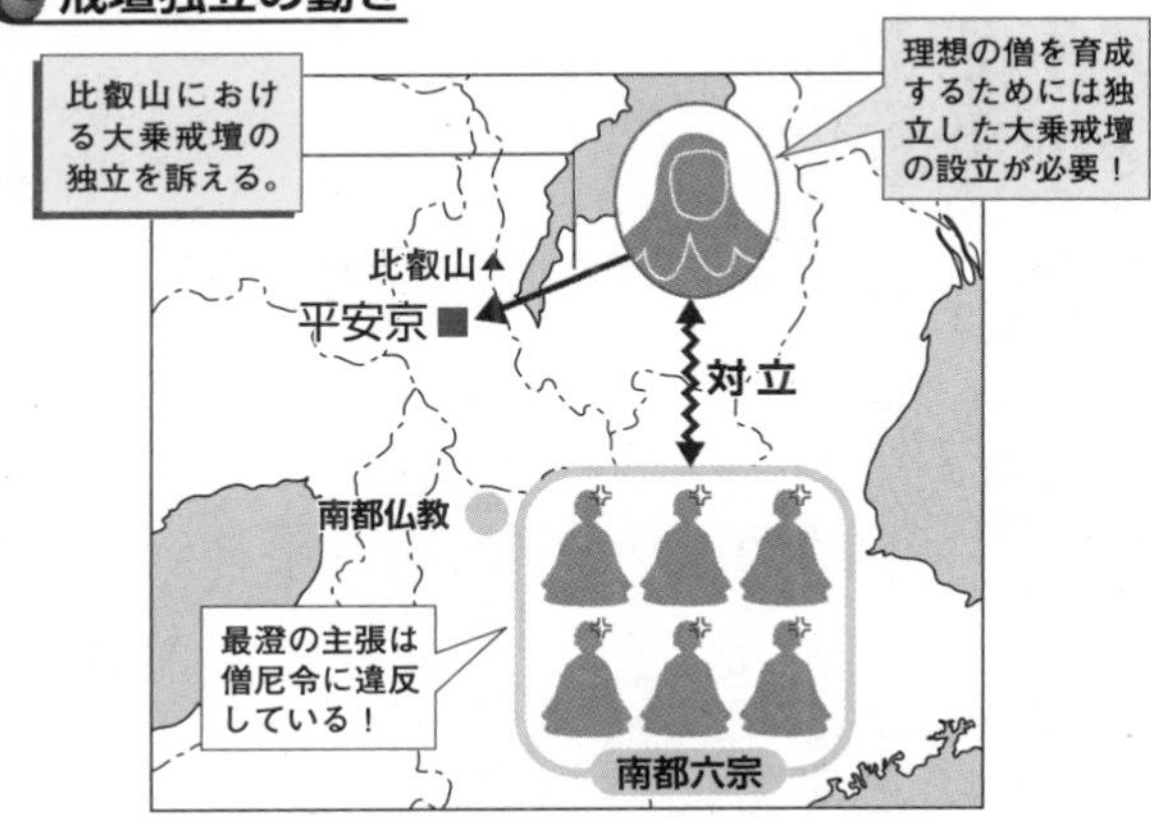

比叡山における大乗戒壇の独立を訴える。
理想の僧を育成するためには独立した大乗戒壇の設立が必要！
比叡山
平安京
対立
南都仏教
最澄の主張は僧尼令に違反している！
南都六宗

最澄は天台宗を南都仏教から独立した宗派にしようと働きかけるが、南都仏教の僧から非難を浴びることになった。

考えた。そして護国の実を挙げるには大乗の僧を養成しなければならず、そのためには『梵網経』に基づく大乗戒を授ける必要があると唱えたのである。

弘仁九年（八一八）三月、最澄は自ら小乗戒を棄捨し、大乗戒のみを守ることを誓う。これは僧尼令への反逆ともいえる思い切った行動で、仏教史上に例を見ないものだった。そのため、南都仏教側からの反発を一層強いものにした。

一方で独自の戒壇設立に向け、同年五月には天台僧の養成制度の規則となる『天台法華宗年分学生式』（六条式）を朝廷に提出した。ここで最澄は、天台宗の僧は比叡山で大乗戒を受けたのち十二年間比叡山に住み、大乗仏教の学問と修行に励むという新たな制度を打ち出した。

●教えの集大成の書『顕戒論』

最澄は六条式に続き『勧奨天台宗年分学生式』（八条式）を、さらに弘仁十年（八一九）三月には『天台法華宗年分度者回小向大式』（四条式）とさらなる改革案を提出する。

この三種の規則は合わせて『山家学生式』と呼ばれる。

しかし四条式において、真の悟りを得たならば出家も在家も区別なく菩薩になれるとし、大乗仏教の天台宗が小乗の諸宗派に勝ることを強調したため、それまで黙殺していた南都仏教側がついに総反撃に出た。

同年五月十九日、南都仏教側は、最澄の主張は妖怪の類いが世間を惑わすようなもので、僧尼令にも違反するものだとして最澄の主張を否定する上表文を朝廷に提出したのである。

大乗戒と小乗戒の違い

事項	小乗戒	大乗戒
依拠とする戒律	小乗律典に説く250戒。	大乗仏典である『梵網経』に説く10重48軽戒。
受戒法	小乗律の定めにより、資格を持った10人の伝戒師の下で受戒しなければならない。	・釈迦如来、文殊菩薩、弥勒菩薩及びすべての仏、菩薩を受戒の場に招請し、伝戒師から菩薩戒を受ける。 ・伝戒師が千里内にいないときは、仏の前で自分で戒を受ける（自誓受戒）。

最澄は大乗戒はすべての人に通じるものであると説き、小乗戒との違いを「四条式」の中で示した。そして自ら小乗戒を棄捨し、比叡山に大乗戒を授ける戒壇を設置すべく奔走した。

これを受けて翌年に成立したのが、最澄の戒律の思想を明らかにした『顕戒論（けんかいろん）』である。

三巻から成るこの著書で最澄は、大乗戒が経論に基づいた根拠あるものであることを論証し、南都仏教側からの批判を逐一論駁（ちくいちろんばく）した。さらに、天台宗の出家僧は小乗の具足戒でなく大乗の菩薩戒を受けるという山家学生式の趣旨を改めて詳細に述べた。

こうして最澄は改めて大乗戒壇の正当性を説き、大乗戒壇設立を訴えた。しかし大乗戒壇の設立は、最澄の生前に叶（かな）うことはなかった。

最澄の入滅

南都仏教との対立が影響し、最澄が僧位としての最高位伝燈大法師位を授けられたのは、空海より遅れた弘仁十三年（八二二）二月十四日のことだった。

しかし長年の激務がたたったのか、同年三月には危篤におちいり、病は快方に向かうことはなかった。

自らに入滅の時が近いことを悟った最澄は四月、門弟たちを集めて遺戒を残した。自分の死後喪に服さないように、酒を飲むな、女性を寺に近づけるな、大乗経典を唱え国を守るための修法をせよ、仏法を盛んにすべしなどである。最澄が望んだのは、あくまでも比叡山の門弟たちが正しい仏法を守り興隆させて、国を守ることにあった。

そして自分自身については「我、鄭重に此の間に託生して一乗を習学し、一乗みだった。

を弘通せん」と何度でもこの世に生まれ変わり、一乗の仏法を広めることを願うのみだった。

五月には義真を後継者に指名し、すべての後事を託した最澄だったが、唯一の心残りは大乗戒壇の設立だった。

しかしその認可の報告を聞くことなく、最澄は弘仁十三年（八二二）六月四日、比叡山の中道院で入滅した。

「我がために仏をつくることなかれ。我がために経を写すことなかれ。我が志を述べよ」

これが最澄の最期の言葉だった。他者の為の仏をつくる（念ずる）ことこそが菩薩行なのだと、最澄は説いたのであった。

入滅後に戒壇設立

大乗菩薩戒壇建立の設立が認められたのは、最澄が入滅してわずか一週間後の六月十一日のことだった。最澄の外護者だった右大臣藤原冬嗣らが「山修山学の表」を天皇に奏上し、南都側を押し切ったとされる。

これは日本仏教界において画期的な出来事となった。いままでの三戒壇のほかに新たに大乗戒壇が設けられ、中国天台宗や日本仏教にはなかった戒律の制度が築かれたのである。

さらに翌弘仁十四年（八二三）二月二十六日には、最澄を信任し天台宗を立てた桓武天皇の元号にちなみ、比叡山寺に延暦寺という寺号が贈られた。元号を名に冠した寺号はこれが始めてのことだった。

三月十七日、新制度による三人の年分度者の得度が比叡山で初めて行なわれた。四月十四日には義真が伝戒師に、円仁が教授師となって大乗菩薩戒受戒会が挙行され、光定ら十四名が受戒している。そして天長四年（八二七）五月、ようやく大乗戒壇がつくられるに至った。

こうして弟子たちによって着々と天台宗が発展していく中、最澄は入滅してから四十四年を経た貞観八年（八六六）七月十四日、時の清和天皇より「伝教大師」の号を賜ったのである。

このとき、最澄の弟子の円仁は「慈覚大師」の号を賜った。

これが日本における大師号宣下の最初である。

最澄の入滅

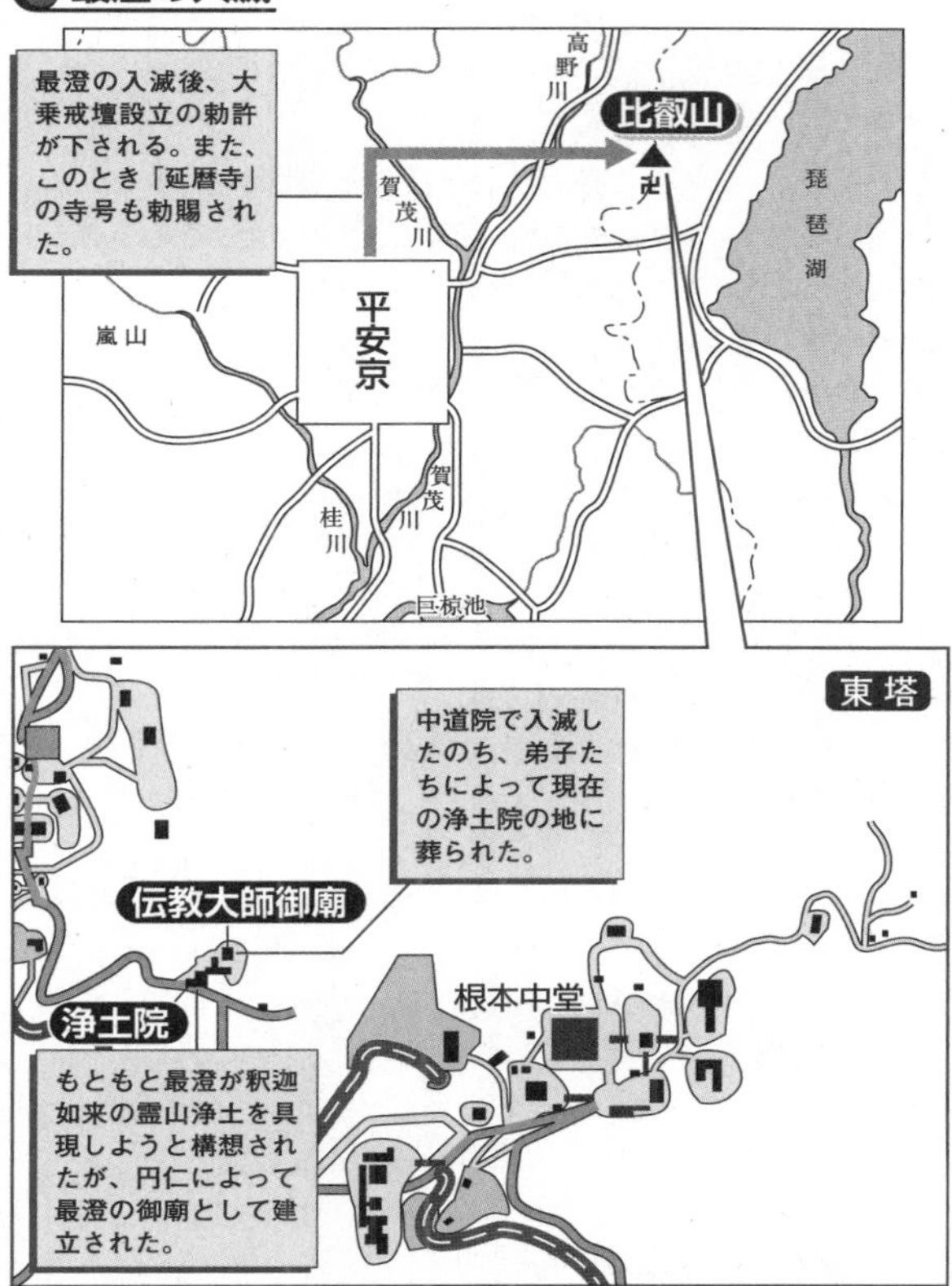

最澄の入滅後、大乗戒壇設立の勅許が下される。また、このとき「延暦寺」の寺号も勅賜された。
高野川
比叡山
賀茂川
琵琶湖
平安京
嵐山
賀茂川
桂川
巨椋池
東塔
中道院で入滅したのち、弟子たちによって現在の浄土院の地に葬られた。
伝教大師御廟
根本中堂
浄土院
もともと最澄が釈迦如来の霊山浄土を具現しようと構想されたが、円仁によって最澄の御廟として建立された。

弘仁13年（822）6月4日、最澄は57歳で入滅した。その後比叡山に朝廷からの勅許が下り、大乗菩薩戒の設立が認められ、ここに最澄の悲願が実現するに至った。

食事の心がけ
—生かされていることへの感謝の念—

私たちにとって、食事とは生きるために必要な生活の営みのひとつである。しかしそれは肉や魚、野菜などすべて生きとし生けるものの生命をいただくということでもあるのだ。

天台大師も「僧侶の１日の行動は、すべて仏になるための修行であり、食事も同じである」と説くように、食事も仏道修行のひとつなのである。

天台宗の僧侶は「斎食儀」という作法に基づいて食事を行なう。これは諸仏、諸菩薩の唱念や経文を唱え、餓鬼道に堕ちた鬼神などの供養をしながら食事をするというものである。食事の前に、自分がこの食事をいただくに値するのかを反省し、そして食後には食事によって得た力で仏道修行に励む。

天台大師の説いた『観心食法』を基本にして檀信徒に向けた食前、食後の言葉もつくられた。

○食前の言葉

「われ今幸いに、仏祖の加護と衆生の恩恵によって、この清き食を受く。つつしんで食の来由をたずねて、味の濃淡を問わず、その功徳を念じて、品の多少をえらばじ。いただきます」

○食後の言葉

「われ今、この清き食を終りて、心ゆたかに力身に充つ。願わくは、この心身を捧げて己が業にいそしみ、誓って四恩に報い奉らん。ごちそうさま」

私たちは多くの生命に支えられて生かされている。そのことに感謝し、支えてもらった命を大切にしていく努力をしなければならない。

第三章　天台宗の飛躍

天台密教

大法をもたらした円仁の功績と比叡山延暦寺の躍進

●弟子円仁の活躍

最澄の入滅後、弟子たちはその遺志を受け継ぎ天台宗の発展に取り組んだ。とくに注力したのが密教の充実である。最澄は法華の教えと密教に優劣はないとして円密一致を主張していた。これが天台密教の根本的な考え方となった。しかし最澄が唐より持ち帰った密教は不十分であり、空海の唱えた真言密教に遅れをとる形となったのである。

そこで密教の充実をはかるべく、天長元年（八二四）九月二十五日に円澄、徳円ら二十一名が密教を学びたいと空海に申し出た。当時六十歳の円澄は、かつて最澄の命で空海のもとで修行していたが、そのときは本意を遂げることができなかった。最澄の本願を遂げるためにも、再度密教の教えを比叡山へ伝えたいと願ったのだった。

入唐八家の活躍

僧	入唐年	請来した文献数	備　考
最澄	804～805	230 部 460 巻	天台宗の祖
空海	804～806	216 部 454 巻	真言宗の祖
円行	838～839	69 部 123 巻	山城国雲厳寺を創建
常暁	838～839	31 部　63 巻	常寧殿で初めて太元師法を修法
円仁	838～847	584 部 802 巻	天台宗に密教を請来
慧運	842～847	170 巻	帰国後、京都安祥寺を開創
円珍	853～858	441 部1000 巻	天台密教の発展
宗叡	862～865	134 部 143 巻	東大寺別当を務める

▒ 天台宗　□ 真言宗

平安時代初期、入唐し密教を学んだ僧を入唐八家と呼ぶ。円仁はその８人の中でもっとも在唐年数が長く、また請来した文献の部数がもっとも多かった。

こうして天台宗の密教は充実していったが、比叡山に密教が本格的に導入されたのは円仁の時代だった。円仁は延暦十三年（七九四）、下野国都賀郡で生まれ、十五歳のときに最澄に師事した。最澄の入滅後、横川で天台研究に没頭するうちに、最澄の果たせなかった天台密教の確立が必要だと痛感。そして密教の秘法を伝えるため、承和五年（八三八）入唐を果たした。円仁は天台山に行くことは叶わなかったが、天台宗が盛んに行なわれていた五台山に巡礼し、長安では元政、法全から胎蔵・金剛界の大法を受け、義真からは胎蔵界に加え、蘇悉地の大法も授かった。このとき禅や梵語なども学び、仏舎利や仏具なども入手している。

しかし会昌の廃仏という皇帝による仏教弾圧に直面し、強制的に還俗させられるという憂き目にあう。承和十四年（八四七）に何とか帰国を果たすことができ、その苦難の旅は『入唐求法巡礼行記』にまとめられた。円仁は足かけ九年も唐に滞在しただけでなく、五百八十四部八百二巻という膨大な文献を持ち帰った。しかも三百部以上は密教関係の書で、そのうち二十二部は日本に初めて請来されたものだった。

蘇悉地を加えた天台密教

円仁の最大の功績は、空海が授からなかった蘇悉地の大法を日本にもたらしたことにある。蘇悉地はほかの修法では達成できないことも可能にする、胎蔵・金剛界すらも超える最高の法とされていた。空海の頃にはそれほど重視されていなかったが、円仁が訪れた頃の唐では胎蔵・金剛界の両部に蘇悉地をあわせた三部構成の密教が流行していた。いわば円仁は空海よりも最新の密教を導入することに成功し

円仁の入唐求法の旅

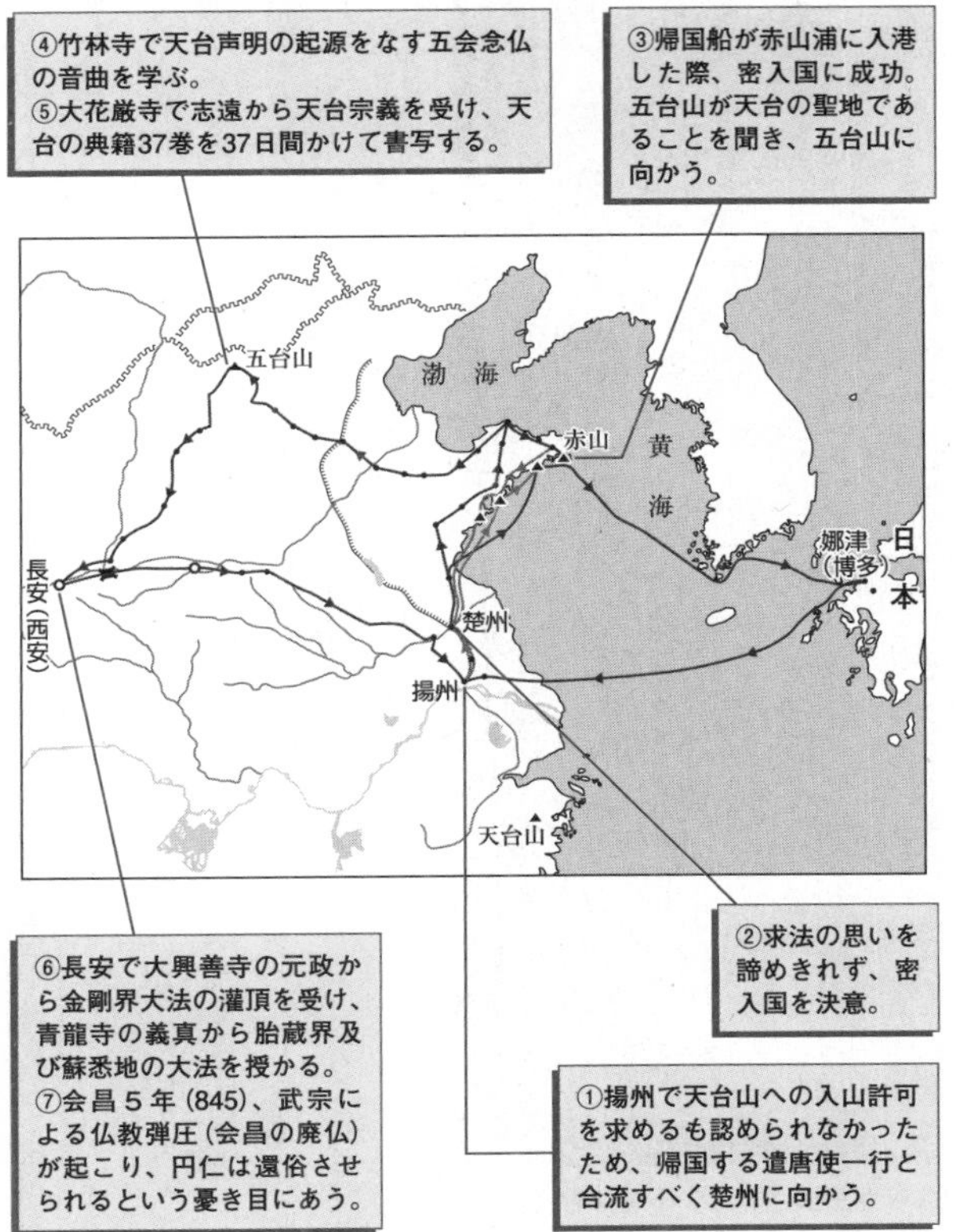

円仁は天台山で学ぶことを許されなかったが、求法への思いから密入国を果たして天台の教えと密教を学んだ。

たのである。これにおいて三部を大法とする天台密教の基盤が確立し、真言密教に匹敵しうる程になった。

こうして円仁は天台宗の密教化を推進する一方で、毎年国家鎮護のため灌頂を行なうことを奏し、内供奉十禅師に任じられるなど天台宗の発展に尽力した。その活躍もあり、天台宗の年分度者は新たに金剛界、蘇悉地各一名ずつ認められ、合計四名となったのである。その後円仁は第三代天台座主となり、天台宗の一層の拡充につとめた。

円仁（慈覚大師）像

本像が設置されている瑞巌寺（宮城県松島町）は、９世紀初頭に円仁が開創した延福寺が前身で、円仁手彫りと伝わる五大明王像がある。

第三章
天台宗の飛躍

天台密教の発展

円珍・安然によって完成された台密

本格的な密教を導入

円仁ののち、天台密教の充実を図ったのが円珍である。

円珍は讃岐国出身で、母は空海の姪だったという。十五歳で初代天台座主義真の門に入り、円仁の帰国後はその下で密教の修行に務めた。

熊野本宮で開かれた法華八講の講師をつとめたことで世に名が知られるようになり、承和十三年（八四六）には延暦寺の学頭に推され、嘉祥三年（八五〇）には内供奉に任ぜられる。

やがて円仁の影響か入唐求法を志すようになり、仁寿三年（八五三）に唐商人欽良暉の船に乗って入唐した。このとき円珍が入唐を実現できたのは、政界の実力者藤原良房らの庇護があったからだという。

入唐した円珍は越州の開元寺で良諝から天台宗の奥義を、そして長安では円仁にも授法した青龍寺の法全から胎蔵・金剛界及び蘇悉地の大法を授かった。円珍の入唐求法の旅は約六年に及び、四百四十余部一千巻の典籍を携え、天安二年（八五八）に帰国した。

帰国した円珍は園城寺を天台別院として復興させ、東大寺、興福寺、延暦寺とならぶ天下の四大寺の一つに発展させた。

そして第五代天台座主となり多くの弟子を育てる一方、清和天皇や藤原良房らに灌頂を行なうなど朝廷で厚遇されていった。仁和二年（八八六）には光孝天皇の病気平癒の修法を行ない、その恩賞として天台宗の年分度者枠を二名分増加させるなど天台宗の発展に貢献した。

教学的には、天台宗の密教化をいっそう進め、天台教学の中心『法華経』（顕教）と密教の『大日経』の融和を図り、顕密一致を主張した。入滅後の延長五年（九二七）、智証大師の諡号が贈られている。

●天台密教を大成させた安然

このように最澄から始まった天台密教は円仁、円珍によって発展を遂げた。そし

円珍の入唐

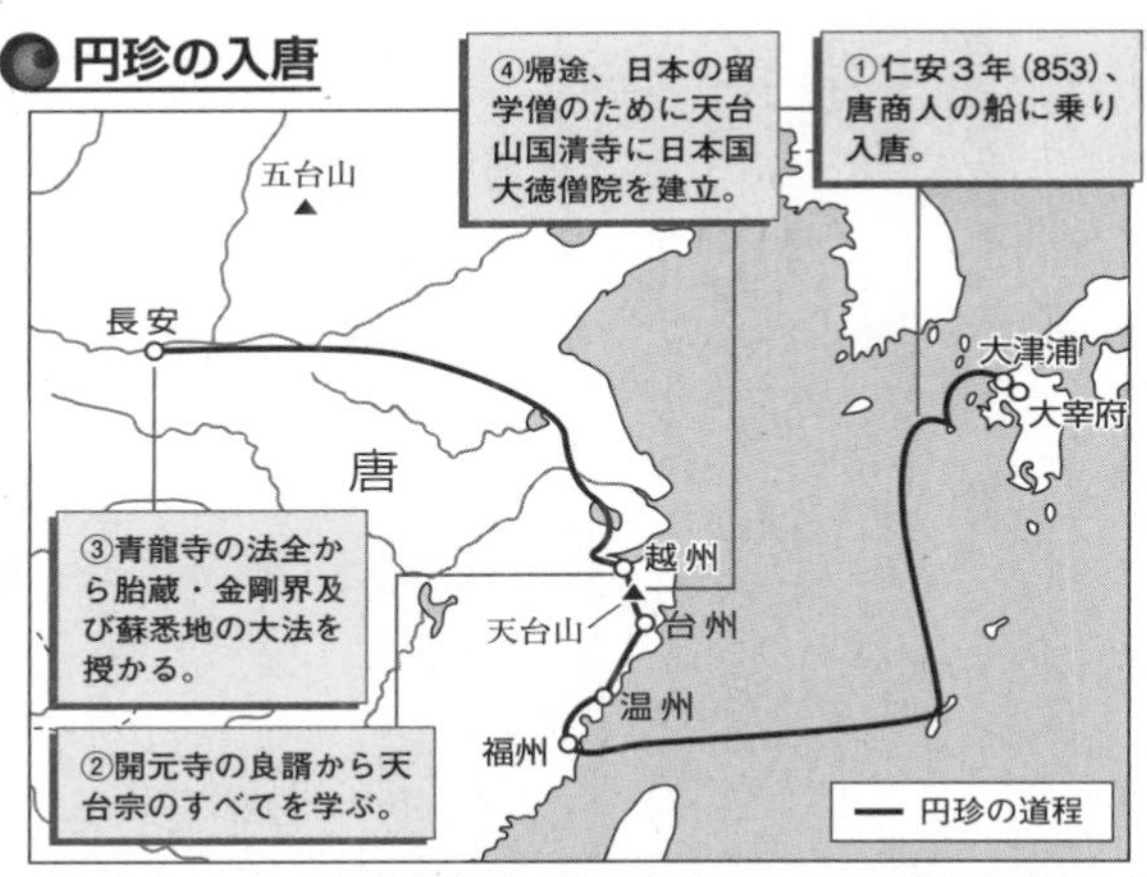

入唐した円珍は、帰国後天台宗の密教化を進め、天台宗年分度者を２人増加させることに成功した。

園城寺

唐からの帰国後の貞観４年（862）、円珍は園城寺を預けられ、ここを拠点とした。現在も円珍系の天台寺門宗の総本山となっている。

てそれは安然によって大成された。
　近江国出身の安然は最澄の傍系とも伝わる。幼くして円仁について修行し、入唐は果たせなかったものの比叡山で研究に専念し、密教の天台化を徹底。天台密教の理論、実践を確立した。何よりの功績は天台宗における密教の位置づけを明確にしたことがあげられよう。

　安然はそれまでの天台の四教教判である蔵（『阿含教』などの小乗三蔵の教え）・通（小乗にも通じる『般若経』などの大乗の教え）・別（小乗を完全にはじき出した大乗の真理を説く『華厳経』の教え）・円（経説、修行、人間観、真理について完全性を具えた『法華経』の教え）の四教の上に密教をおく五教教判を打ち立て、円劣密勝という立場を明らかにし、天台密教の教学体系を完成させたのである。

　これにより天台密教は全盛を迎え、真言密教の東密に伍する台密として平安仏教の主流となったのである。

　しかしあくまでも天台密教は独立したものではなく、天台宗の思想を構成する一要素だった。最澄の唱えた円密一致の思想が、その根底をなしているのである。

第三章
天台宗の
飛躍

天台宗と比叡山

各宗派の祖師を輩出し
日本仏教の母山へ

●天台宗中興の祖良源

円仁らの活躍により発展した天台宗だったが、十世紀に入ると僧侶の風紀が乱れたり、度重なる火災で堂宇が灰燼に帰すなど荒廃してしまう。

その状況下で比叡山を復興し、天台宗中興の祖とされたのが第十八代天台座主良源である。

良源は皇族や貴族の庇護を取りつけると、堂宇の再建、拡充整備を進めた。また広学竪義の法会をはじめ、それまで密教に偏っていた天台宗に不断念仏や法華三昧など伝統的な止観業を充実させたのである。天禄元年（九七〇）には比叡山の僧が守るべき規律を細かく定めた「二十六条式」を制定し、教団内の僧侶の綱紀粛正を図った。

その良源に師事した源信は、『往生要集』を著わし、その中で極楽浄土に至るには念仏を唱える以外にはないと説いた。ここに叡山浄土教の基礎が築かれた。

　こうして比叡山は往時以上の隆盛を取り戻し、浄土宗の祖法然、時宗の祖一遍、日蓮宗の祖日蓮など鎌倉仏教の担い手たちを生み出していった。

　だがその一方で平安末期から鎌倉時代にかけて、僧兵の武装化が進み、僧侶の堕落が顕著となっていった。

●比叡山焼き討ち事件

　その後も比叡山は一大勢力を保ち続け、戦国時代に入ると尾張の織田信長と敵対することになる。このことが未曾有の法難を招くことになった。

元亀二年（一五七一）九月十二日、織田信長は比叡山を焼き討ちにした。このとき堂舎のほとんどが壊滅し、老若男女あわせて三千人余りが命を落としたといわれる。

　信長の在世時は再興は許されなかったが、天正十二年（一五八四）、羽柴秀吉により比叡山再興が許可された。

　そしてその翌年には十一年間空白だった天台座主に青蓮院尊朝法親王が着任し

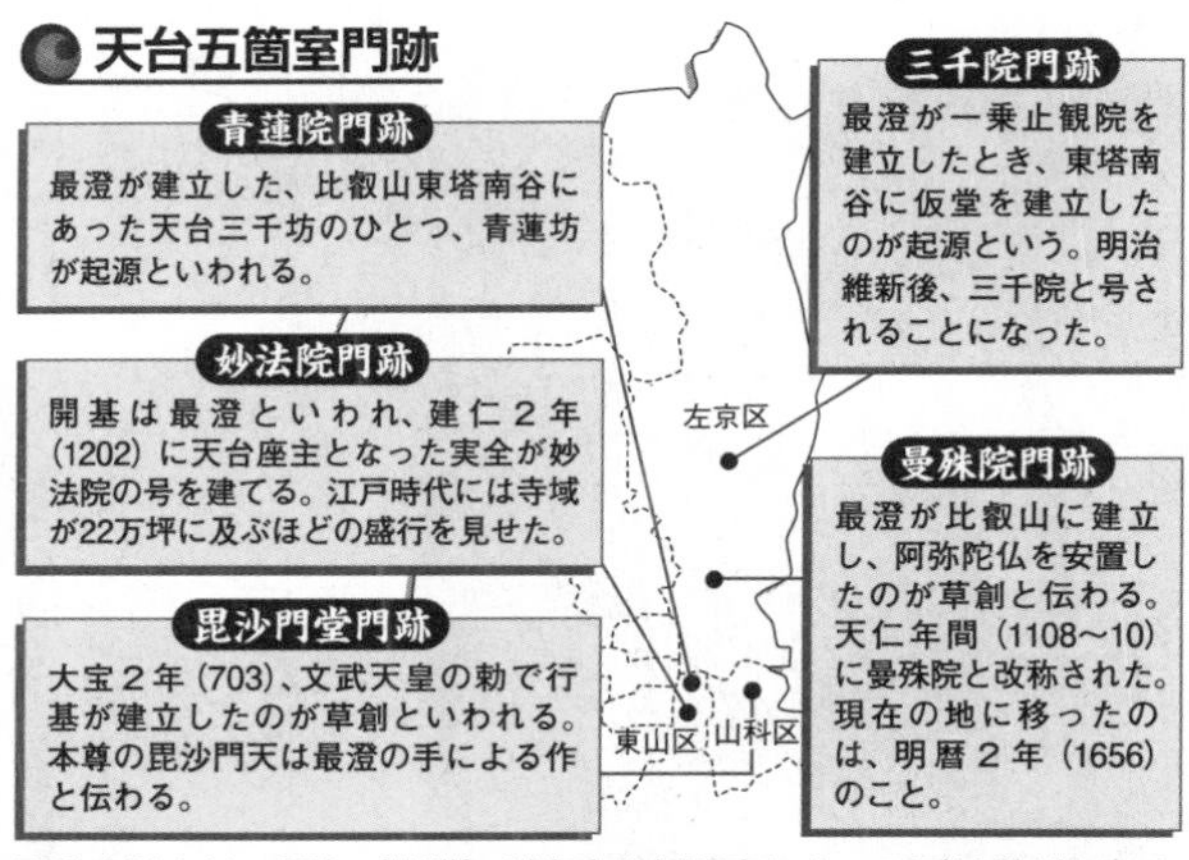

門跡寺院とは、門主（住職）が皇室や摂関家によって受け継がれてきた寺を指す。なかでも歴代天台座主を輩出した上記門跡を天台五箇室門跡と呼ぶ。

たことから、比叡山再興の気運が高まっていく。

それを現在にまで続く天台宗の隆盛へと導いたのは、徳川家康、秀忠、家光三代から信任を得ていた慈眼大師天海である。天海は十一歳で出家したのち、比叡山にのぼり修行を行なったが、元亀の法難にあい、甲斐へと逃れた。慶長十三年（一六〇八）に江戸幕府を開いた徳川家康に招かれるとその信任を受けるようになり、これを契機として比叡山の本格的な再興が始まる。

寛永二年（一六二五）には江戸

忍岡（上野）に寛永寺を開き、ここを関東天台宗の総本山とした。そして他宗寺院の改宗や廃寺の復興で天台宗寺院を諸国に増やし、天台宗の発展、興隆に尽力した。

その後明治時代に行なわれた神仏分離令や廃仏毀釈といった苦難を乗り越え、現在に至るのである。

天海

木村了琢により描かれた絹本（17 世紀）。天海は徳川家康の側近として政治にも深く関与した。

天台宗の系譜

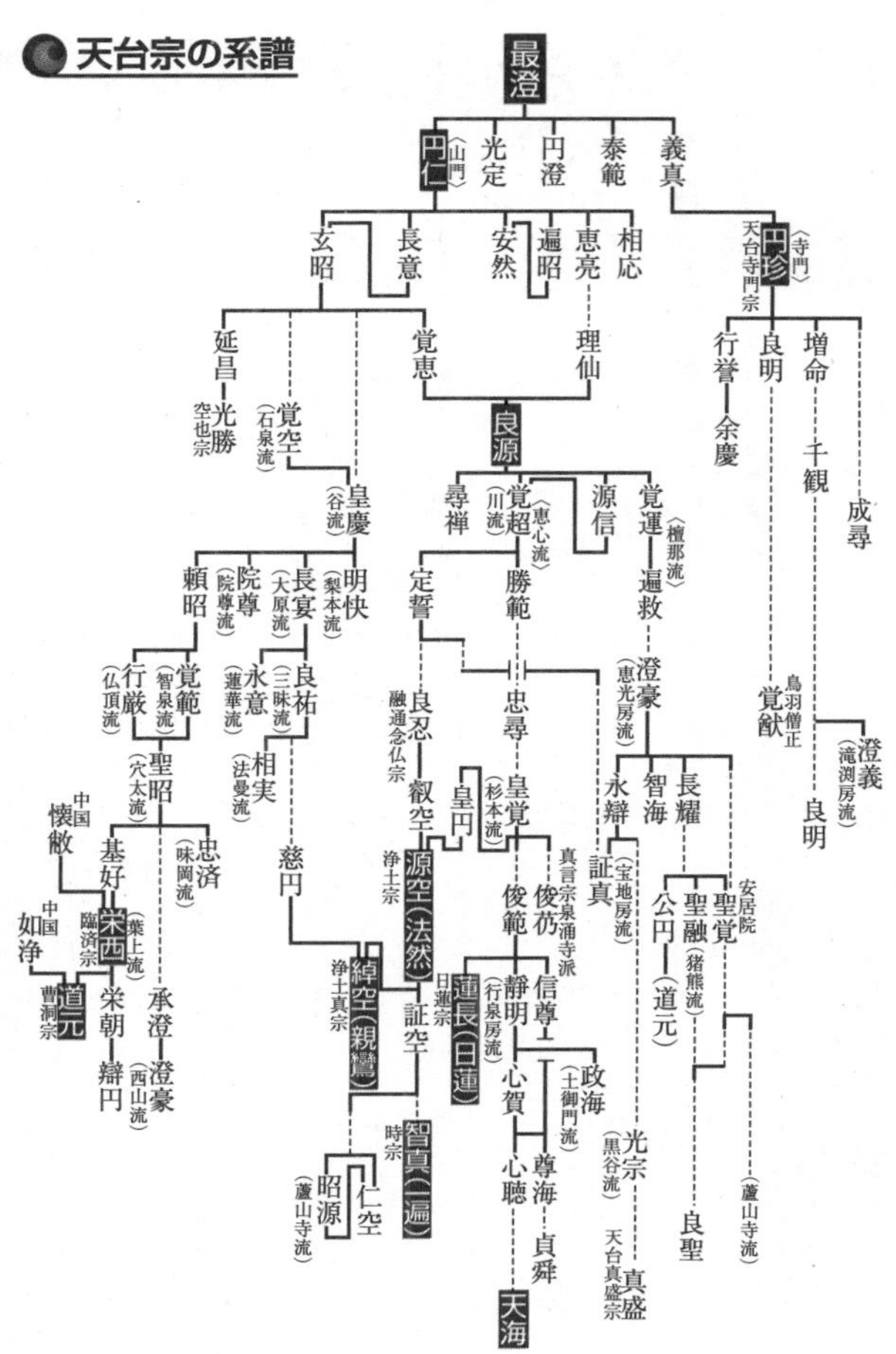

お寺との付き合い方
—いま一度見直したい菩提寺とのかかわり—

葬儀や法要を営む際、先祖の遺骨を供養し、その菩提を弔うお寺を菩提寺という。そしてそのお寺を守っていく人のことを檀家という。

かつては菩提寺と檀家の間には強い結びつきがあり、日常的なつながりを持つものだったが、現在では葬儀や法要のみの付き合いとなっている場合が多い。

また、実家から遠く離れて居を構えており新たに菩提寺を見つける必要がある人も多いだろう。

いざというときに菩提寺を探そうとしても遅いので、前もって自分の信仰する宗派で家から近いお寺を探すか、もしくは実家の菩提寺に尋ねて紹介してもらうとよい。天台宗の寺院は多数あるため、自分に合った菩提寺が見つかるはずだ。

そしてそのお寺が管理する墓地にお墓を持ち、檀家として認められれば、そのお寺が自分の菩提寺となるのである。

お寺では、1年を通じてあらゆる行事が開催される。檀家となったら、積極的にそれらの行事に参加し、お寺との付き合いを深め、またほかの檀家の人たちとの絆を深めておきたい。もし何かの事が生じた場合、住職を始め檀家の人たちが大きな力になってくれるはずだ。

また、それらの行事に参加をしたならば、お寺にお布施を包む。布施とはもともと他人に優しさや金銭を施すという意味や、ご本尊に感謝の気持ちで施し供えるという意味があり、仏教徒として大事な修行のひとつである。

お布施でいくら包めばよいのか迷う人も多い事と思うが、自分の能力に応じて、できる範囲の金額を包むのがよいのである。

第四章

最澄の教え

天台宗の教え

すべての人が成仏できるという一乗の教え

ここからは最澄がその生涯においてどのような教えを説いたのかを見ていく。それを読み解くためには、その根本となった天台宗の開祖天台大師智顗の教えを知る必要がある。

●『法華経』による一乗の思想

中国、陳、隋代の僧侶である智顗は中国に伝わった仏教をまとめた。数多ある仏教経典を一つずつ精査した上で、智顗がもっとも重きをおいたのが『法華経』だった。

当時『法華経』と並んで『華厳経』『般若経』『涅槃経』などが中国仏教で重視されていたが、智顗は『法華経』こそ釈迦の説法の本質を述べているとしたのである。『法華経』は釈迦入滅前、およそ八年間の説法とされる。

智顗が『法華経』を重視したのには、以下の理由がある。先に伝わった経典によ

『法華経』の構成

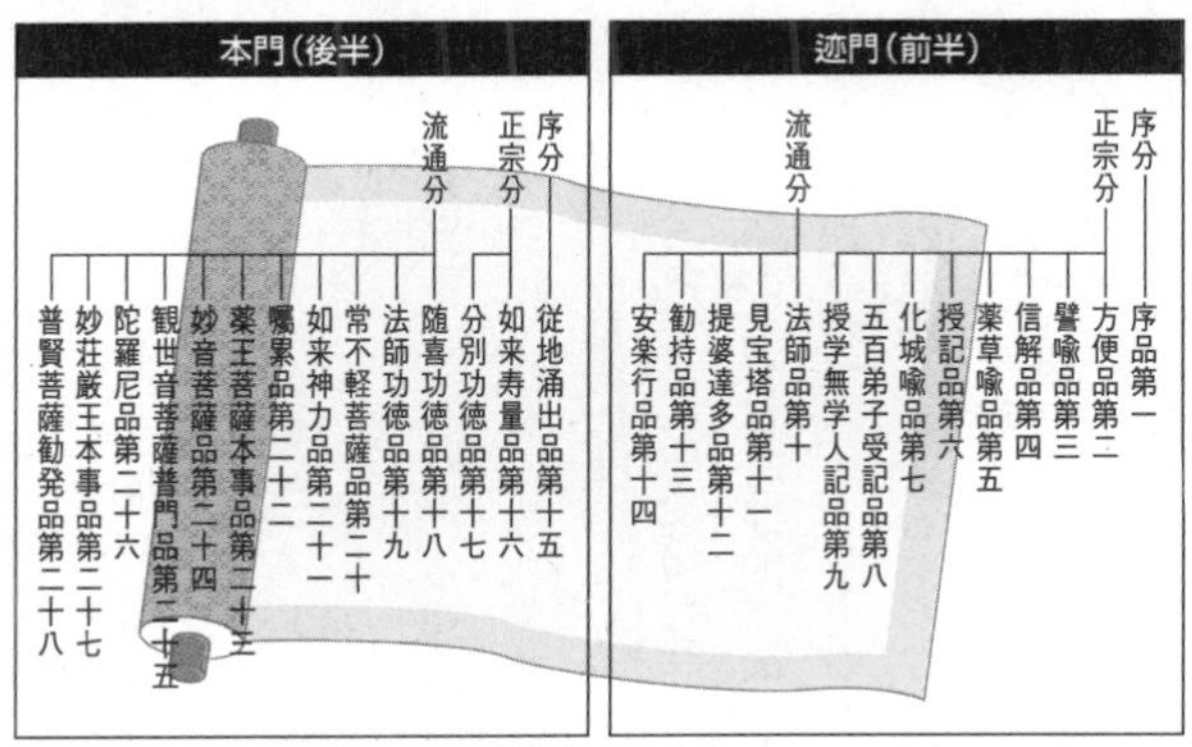

全28章からなる『法華経』を、天台大師は前半14章、後半14章に大別。前半ではすべての人が成仏できる一乗の教えを、後半では釈迦がすべての人を救い導くためにこの世に出現した本仏の分身であると説く。

って人々が仏の真意を理解できる段階に至った上での説法が『法華経』であること。そしてほかの経典で十分な教化がされたことで、仏の本当の願いがここに初めて解き明かされ、仏の本心と人々との関わりが明らかにされたということである。

全二十八章で構成されている『法華経』を、智顗は迹門（前半十四章）、本門（後半十四章）に大別した。

迹門は、釈迦の教化活動の意味を明らかにする段で、その大きなテーマとなっているのが一乗の教え、すなわちすべての人が成仏できるということである。

それまでの大乗仏教の経典では三乗と呼ばれる声聞、縁覚、菩薩のうち、前二者は仏になることができないと説いていた。それぞれが自己の解脱のみで満足し、自分の達した境地こそ最高のものであるとしたのである。

しかし『法華経』ではそれらの境地はあくまでも真の悟りを得るための一過程に過ぎないと教える。そしてあらゆる者が平等に存在するのは、すべてのものがこの世界を構成する上で重要な役割を果たしており、すべての人は仏になれるのであり、そのため三乗（三種の教え）という区別は多様な個性を持つ人々を導くための巧みなる手だて（方便）として運用されるだけだと説くのである。

本門は、釈迦の本質（時間的空間的普遍性）を明らかにする段で、釈迦の入滅の理由が解き明かされている。釈迦が永遠に生き続ければ、人々は気を緩め、そこに怠惰やおごりの心が芽生える。そこで釈迦はこの世から姿を消し、入滅したと思わせて人々を導こうとしたというのである。

これらのことから、智顗は『法華経』こそほかのすべての経典を包み込むものであるとした。

『法華経』から生まれた教理と修行の分類

そして智顗は『法華経』を中心とした天台教学を打ち立てた。その根本は「教相門」と「観心門」という二つの法門である。教相門とは経論の解釈や研究を中心とした理論のことで、その教理や理論を体得するための修行や、修行のための規定や準備を観心門と称した。この二門を、智顗は自転車の車輪や鳥の両翼にたとえた。どちらかが欠けても前進できず、完成に導かれない。そのためこれらを軽んじてはならないと説いた。

すべての人々を救済するという使命を持ってこの世に現われた釈迦が、生きとし生けるものすべてが仏となることができると人々を導こうとしていても、私たちがそれを単に学ぶに留まっていては何の意味もなさない。私たちはすべての人が仏になれることを自覚し、それに向けて日々たゆまぬ努力、精進しなければならない。そう智顗は教えるのである。

このような教えを始めとする天台教学を、智顗は『法華玄義』『法華文句』『摩訶止観』にまとめた。これらは法華三大部と呼ばれる。

第四章
最澄の教え

最澄の思想

『法華経』のもとに統一された仏教

最澄の根本思想

仏教全体を統括した上で、『法華経』を拠り所に一乗の教えを唱えた天台大師。最澄はその教えに感銘を受け、一乗の教えを根本思想として綜合仏教教団である天台宗を日本で開創した。

最澄は晩年の著書『守護国界章』で次のような言葉を残している。

「当今の日本人の機根はすでに成熟していて小乗の教えを必要とする者などいない。しかし現実社会においては正法はおろか像法さえも衰え、末法が到来しようとしている。今こそ法華一乗の精神を胸に、日本国のために粉骨砕身する菩薩の機が必要とされている」

この頃、釈迦の入滅から年代が経つにつれて正しい仏法が衰滅していくとする「末法思想」が中国から伝わり、国内に広まりつつあった。

最澄の根本思想

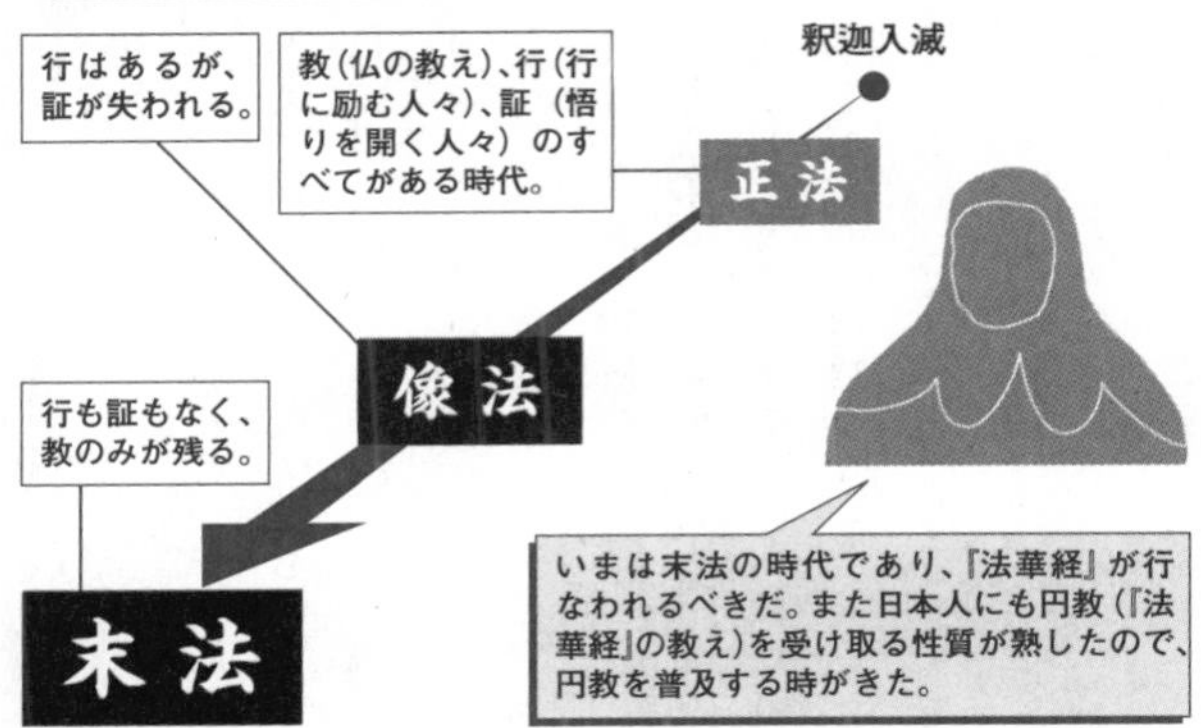

釈迦入滅
正法
教（仏の教え）、行（行に励む人々）、証（悟りを開く人々）のすべてがある時代。
像法
行はあるが、証が失われる。
末法
行も証もなく、教のみが残る。
いまは末法の時代であり、『法華経』が行なわれるべきだ。また日本人にも円教（『法華経』の教え）を受け取る性質が熟したので、円教を普及する時がきた。

最澄は末法の時代に相応した教えこそ『法華経』であると説いた。また日本にも『法華経』を受け入れられる土壌ができたと考え、『法華経』の教えを広めていった。

日本における末法元年は永承（えいしょう）七年（一〇五二）とされ、末法の世になると仏教は衰え、混乱の世が訪れると考えられた。

最澄は釈迦の教えが及ばないとされるこの時代だからこそ、釈迦一代の教えを総括した『法華経』が盛んに行なわれるべきであり、時代相応の『法華経』を受けることによって救われると考えた。そしてそれを実行する菩薩僧を育成しなければならないと考えたのである。

これが、最澄の行動を支えた基本的な信念だった。

延暦二十三年（八〇四）、最澄は入唐し、天台教学のみならず、大乗菩薩戒、禅、密教を学び帰国した。

これらは宗派が異なるものであるが、四宗それぞれに大切な教えであり、また一乗の教えと根本的に一致するものであると最澄は捉える。

そして最澄は、これらの四宗を融合させた。この最澄の考え方を、一大円教思想と呼ぶ。

こうして日本天台宗は、すべての仏教を包括する綜合仏教教団としての性格を持つに至るのである。

つまりこの立場から考えると、基本的に天台宗と他宗派との対立的な相違はなく、この包括的な考え方こそがのちに比叡山が日本仏教の母山と呼ばれるようになった要因となっているのだろう。

また、天台宗では朝は『法華経』を中心とした法華懺法というお勤めを行ない、夕方は『阿弥陀経』と念仏を基本とした例時作法を行なっている。これは慈覚大師円仁が始めた行儀とされており、これを見ても天台宗の持つ多様性がわかる。

一大円教思想

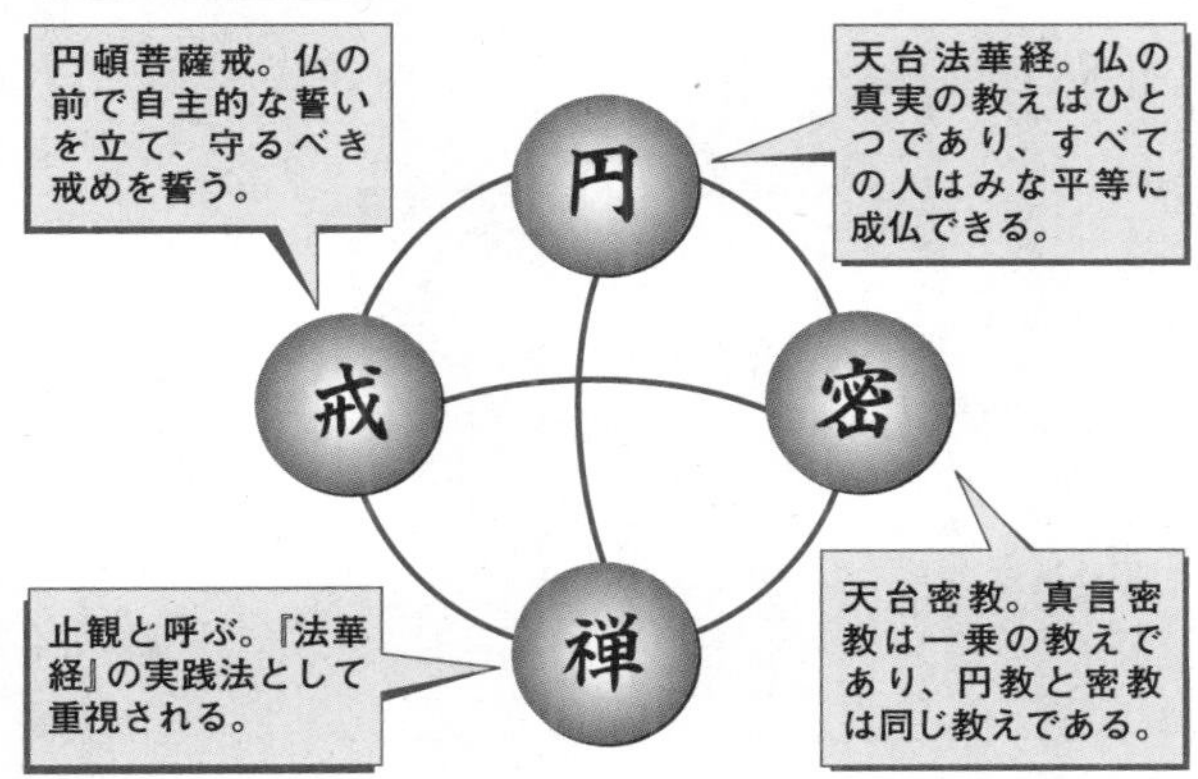

円頓菩薩戒。仏の前で自主的な誓いを立て、守るべき戒めを誓う。
天台法華経。仏の真実の教えはひとつであり、すべての人はみな平等に成仏できる。
円
戒
密
禅
止観と呼ぶ。『法華経』の実践法として重視される。
天台密教。真言密教は一乗の教えであり、円教と密教は同じ教えである。

最澄は円、密、禅、戒の四宗を伝承した。そしてそれぞれが大切な教えであり、それらはすべて根本的に一致すると唱えた。

最澄の求めたもの

ただし最澄は、すべての人がこれら四宗すべてを学び修行することは難しいため、その人の機縁（きえん）に応じて自分の仏教を求めればよいとする。

誰にでも悟（さと）り、成仏（じょうぶつ）への道は開かれているという人間観に立った上で、一人ひとりにあった成功を収めることが至福の道に生きること、つまり仏国土（ぶっこくど）の建設に貢献することだと説く。

その上で「諸々の悪を作（な）すことなく、諸々の善を行ない奉（たてまつ）る」ことが菩薩へと通ずる道であり、

『守護国界章』

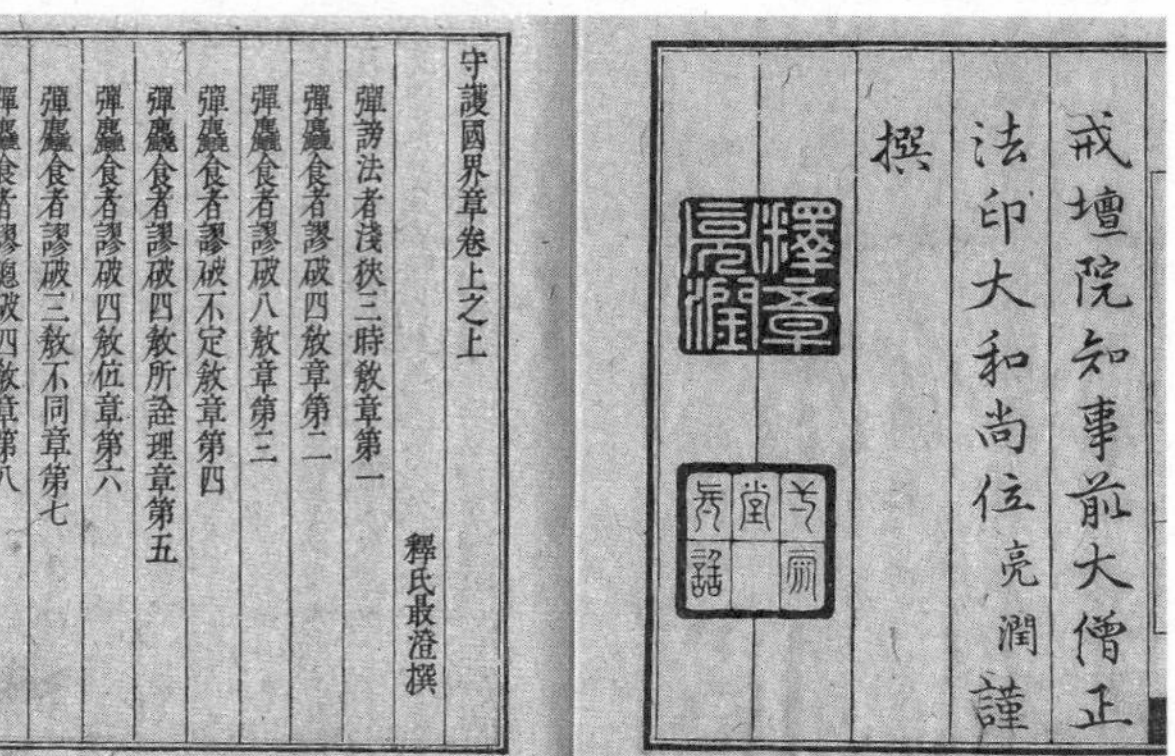
戒壇院知事前大僧正
法印大和尚位亮潤謹
撰

守護國界章巻上之上
釋氏最澄撰
彈謗法者淺狹三時敎章第一
彈麤食者謬破四敎章第二
彈麤食者謬破八敎章第三
彈麤食者謬破不定敎章第四
彈麤食者謬破四敎所詮理章第五
彈麤食者謬破四敎位章第六
彈麤食者謬破三敎不同章第七
彈麤食者謬破四敎章第八

徳一論争において、最澄は弘仁９年（818年）に本書を著し、自説への批判に反論した。画像は享保18年（1733）刊の版本。

そのための教えと修行を最澄は提唱したのだった。

また、一つの宗派や信仰に凝り固まり、たとえ真実であってもそれに固執することを戒め、より高い仏の境地を追究することを求めた。

たとえば菩薩としてのあり方を考えると、一乗の教えのみが真実と固定的な主観に立つと三乗を排することになり、包括的な法華一乗の本質性が失われてしまうのである。

ここにも、天台宗が持つ宗教的多様性を見ることができる。

『願文』に見る若き最澄の自己内省

延暦四年（七八五）、最澄は東大寺で受戒したのち、突如として比叡山での山林修行に入る。その直後に最澄が著わしたのが『願文』である。その『願文』から、最澄の仏教観の原点を読み取ることができる。『願文』は、次のような文章で始まる。

「悠悠たる三界は、純ら苦にして安きことなく、擾擾たる四生は、唯患にして楽しからざるなり」

限りなく広がるこの迷いの世界は苦しみばかりで、憂いに満ちていて楽しみなどないという悲観に満ちた書き出しである。人として生を受けても、命は風のようにはかなく、体は朝露のようにいつ消えてしまうかわからないと続く。最澄は『願文』の冒頭で人の命のはかなさを伝え、仏道に入るにあたりそれを心に留めておくことを示したのである。

『願文』の内容でとくに象徴的なのが、最澄の強い自己内省である。天台大師撰『天台小止観』の「禅定ばかり修して智慧を磨かない者は愚か者」「智慧ばかり磨いて禅定を修しないものを狂人」という表現を引用し、自分は愚か者の中の愚か者であり、狂人の中の狂人であると表現する。最澄は自分自身が修行も教学も不十分な未熟な存在であるとし、そのように劣った存在であるからこそ徹底した仏道修行が必要であることを自覚した。劣った自分は一体どのような教えを学び、どのような修行を積めば悟りを得ることができるのか。そして自分のみならず同じように苦しむ人々を導くためにはどのようにしたらよいのか。このような問いかけを自身にしながら、最澄は比叡山での修行に臨んでいたのである。

『願文』に記された菩薩行による救済の勧め

このように最澄の強い決意が詰まった『願文』は、私たちに日々の生活においてどのような行動を心がければよいのかという指針を与えてくれる。

最澄はまず人間について、「得難くして移り易きはそれ人身なり」と説いた。

すべての生きものは生前の行ないによって六道、すなわち天界、人間界、修羅界、

人間であることのありがたさ

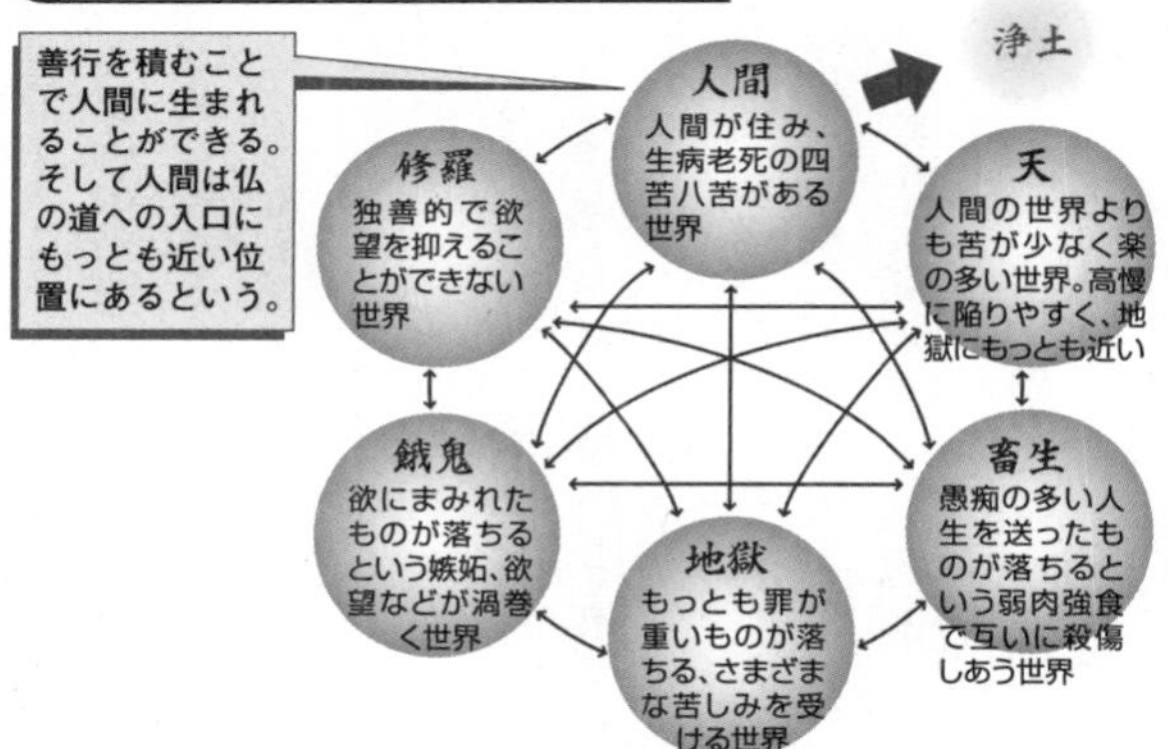

すべての生きものは、生前の行ないが善か悪かにより６つの世界のどこかに生まれゆく。最澄は人身を得難いものであると説き、生きているときに善い行ないを為せと教える。

畜生界、餓鬼界、地獄界のいずれかに生まれ変わる。これを六道輪廻という。

私たちは、一分の善心によって人間として生まれることができた。そして六つの世界の中で仏の教えを聞き、仏の道を実行することができるのは人間だけなのである。しかし「善心は起こし難く忘れやすい」ため、私たちが人身を受けたのはまさに奇跡に近いことなのだ。そのため最澄は、人間自体が「ありがたき」存在であり「尊厳」であると教える。

それではそのような「ありがた

き」存在である人として生を受けた私たちは何をすべきなのか。それに対して最澄は、菩薩行の勧めを説く。菩薩は悟りを求めて修行を行ない、慈悲の心を以て他人の利益になることを進んで行なう人のことである。

そのような菩薩で溢れる国にすることが最澄の願いだった。そしてその第一歩として、人々に自分自身が菩薩であることを自覚し、菩薩の行ないをとることを促したのである。

自らもまた菩薩行に励んだ最澄は、自身を「仮名菩薩」と表現した。「名ばかりの菩薩」として自身に厳しい姿勢を取りながらも、少しずつでも善行を積み悟りに向かうことの大切さを訴えた。

最澄は、いまだ観音菩薩や地蔵菩薩のような理想の大菩薩になりえていない凡夫の身であっても、凡夫のままで菩薩の行ないをすることを勧めている。人々を自在に導く力を持つ大菩薩を理想の姿としながらも理想を夢見て何もしないのではなく、日々の生活のなかで、一歩ずつどんな小さなことでもいいから善行を行なう。それが人として、菩薩として生きる道であり、やがて釈迦と同じ境地に至る道なのだと最澄は教える。

第四章
最澄の教え

国宝論

弟子たちに示した天台僧の理想のあり方

●最澄の唱えた国宝論―道心を持つ者―

弘仁九年（八一八）五月十三日、最澄は朝廷に『天台法華宗年分学生式』を上奏する。これは天台僧の養成制度を謳ったもので、全六条にまとめられていることから通称「六条式」と呼ばれている。この中で最澄は、自身の考える天台宗の僧の理想的なあり方を示した。

「国宝とは何物ぞ。宝とは道心なり。道心あるの人を名づけて国宝となす。故に古人言く、『径寸十枚、これ国宝に非ず。一隅を照らす、これ則ち国宝なり』と」

これが有名な国宝論である。最澄は道心を持つ者が国宝なのだと説く。この道心をどう培っていくのか。これが、最澄の理念の中でもっとも重要なことである。

道心を持つ者とは釈迦への道、つまり菩薩への道を歩む者のことであり、「上求菩提　下化衆生」を併せ持った者を指す。「上求菩提」とは悟りを求めて厳しい修行に励むこと、「下化衆生」とは慈悲の心を持ってほかの衆生に救済の手を差し伸べることである。

また一隅を照らす者とは、一人ひとりの人間がそれぞれの環境に応じて自分にできることを精一杯行なう人物のことを指す。しかもこの一隅なる位置は重々にして尽きることのない無量の縁（条件）によって成り立っている（縁起している）のであるから、全宇宙の森羅万象との関係の上で存立している。この意味で人は一隅から全宇宙と関わり、全宇宙を照らしている存在なのだ。一隅とは、単なる片隅を指すのではない。つまり我々は常に輝いている。

そして、「悪事を己に向へ、好事を他に与へ、己を忘れて他を利するは慈悲の極なり」と、自分のために何かを行なうのではなく他人のために尽くすよう最澄は教えるのである。

最澄が求めた理想の人物像

最澄は、天台宗で養成しようとする人材の特質を次のように語る。

「古哲また云く、能く言いて行うこと能わざるは国の師なり。能く行いて言うこと

道心とは何か

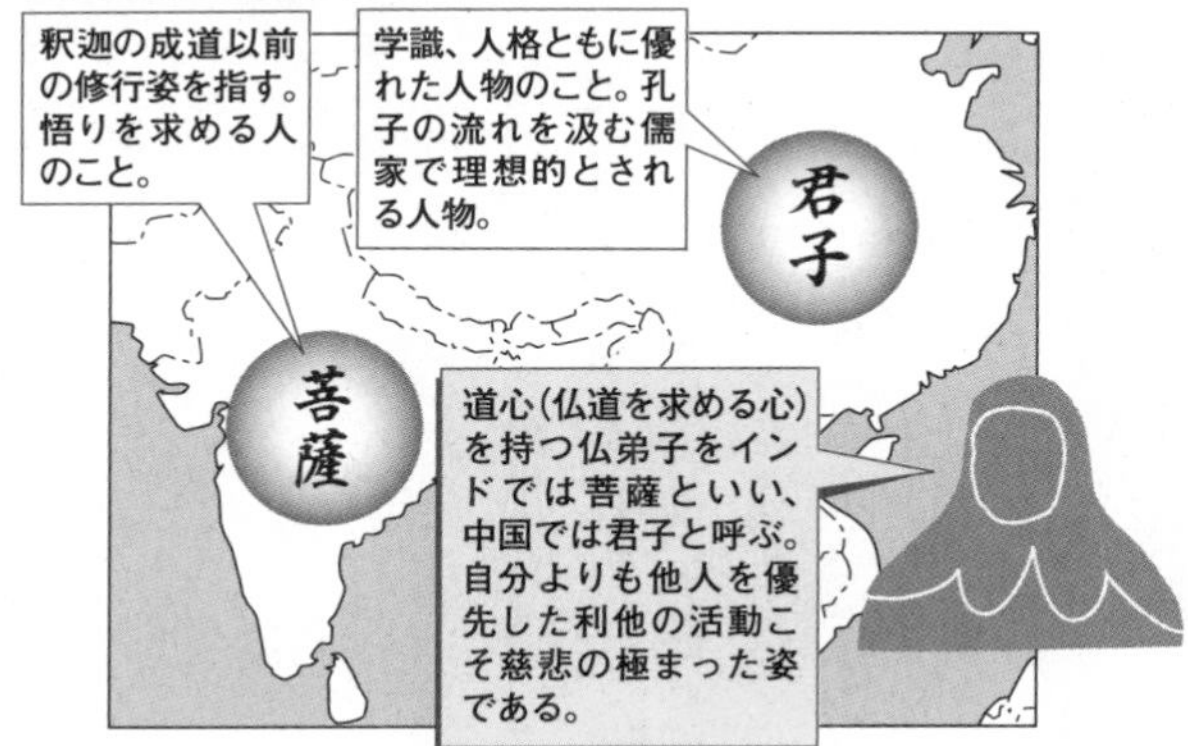

釈迦の成道以前の修行姿を指す。悟りを求める人のこと。
学識、人格ともに優れた人物のこと。孔子の流れを汲む儒家で理想的とされる人物。
君子
菩薩
道心（仏道を求める心）を持つ仏弟子をインドでは菩薩といい、中国では君子と呼ぶ。自分よりも他人を優先した利他の活動こそ慈悲の極まった姿である。

最澄は道心を持つ人が国の宝だと説く。そして経典の菩薩や中国古典の君子はみな道心を持つ人材の具体的な姿であるとし、「忘己利他（己を忘れ他を利する）」の精神を理想とした。

能わざるは国の用なり。能く行い能く言うは国の宝なり」

「古哲また云く」は、中国の古典の故事から引用したことを意味する。紀元前五〜三世紀の中国戦国時代の頃、魏王が斉王に「貴国にはたくさんの宝があるだろう」と尋ねたところ、斉王は「無い」と答えた。それに対して魏王が「自分は宝として直径一寸の宝石を十個持っていて、これで車（馬車）の前後を照らすことができる」と語ったところ、斉王は「私はそのような宝石を宝とは考えていない。私には優れた武将がいて、彼らは国の境の一隅を守り敵を寄せつけない。国内の治安もうまくいっており、彼らは千里の広い範囲を照らしている。この人材こそが私の宝だ」と答えた。すると魏王は恥じて帰ってしまった。

最澄の国宝論は、この故事に則(のっと)っている。そして最澄は、発言力も実行力もある人材は国宝に、理論を身につけ発言力のある人材は国師に、そして実行力のある人材は国用（国の働き手）にしようとしたのである。具体的には、国宝となる人材は比叡山に留めて後進の指導にあたらせ、国師、国用となる人材は地方に派遣し、地方の発展に尽力させた。

しかし一方で、「ただ言うこと能わず行うこと能わざるを国の賊となす」と能力があるにもかかわらず、主張も行動も起こさない者や、独りよがりの勝手な主張や行動を起こす者を国賊とし、厳しい批判の目を向けている。

こうして「六条式」に定められた内容を見ていくと、宗教としての枠組みにとらわれない最澄の目指す社会、それを担う人物像が見えてくる。つまりすべての人はあらゆる可能性を持っているからその可能性を活かした生き方をすべきであり、単に宗教界に留まらず、広く社会に貢献する人材となることを最澄は求めたのである。

第四章
最澄の教え

仏教の解放

小乗戒を捨て去った最澄の目的とは

大乗戒壇設立を目指した最澄の思想

最澄の教えの根本に、「円機已熟（えんきいじゅく）」という考えがある。

これは「日本国民はすでに法華一乗の大乗菩薩の道を踏み行なうだけの能力が熟している」というものである。

この教えを広めるためにはまず大乗の菩薩僧を養成する必要があり、そのためには大乗戒（だいじょうかい）を授ける大乗戒壇が必要であった。そのため最澄は大乗戒壇の設立を目指して日々奔走したのであった。

当時、僧侶となるためには東大寺（とうだいじ）ほか三戒壇（さんかいだん）のいずれかで具足戒（ぐそくかい）（二百五十戒）を授かることが定められていた。

しかし最澄はこれを小乗戒（しょうじょうかい）として退けた。そして『梵網経（ぼんもうきょう）』が説く十重戒（じゅうじゅうかい）と四十八軽戒（しじゅうはちきょうかい）を、仏と上座（じょうざ）の菩薩によって授けることを定めたのである。

最澄がなぜこのような考えに至ったかについては『天台法華宗年分度者回小向大式』、通称「四条式」に詳しい。

それによると、小乗の戒律は出家者だけのものだった。一般的に流布していた小乗仏教はあくまでも自分自身の悟りを得るためのものであり、一般の社会や衆生を隔絶した教えだった。

これに対して大乗戒は、在家と出家とを分かたずすべての人々に通ずる戒（真俗一貫の戒）であり、その意味で広大な戒だったのである。

そしてこれを国中に広め、未来に伝えることが日本の大きな利益になると最澄は考えたのだ。

●「伝戒」の大切さ

またこの大乗戒は、止観に生きる菩薩の精神を支える菩薩戒で、大乗菩薩としての根本の精神である。

さらにこの菩薩戒はすべての生きものを包摂する「完全・広大な戒」であり、仏を傷つけるなどの七つの大罪を犯す者以外、すべての生きものがこの戒を得ること

出家菩薩と在家菩薩

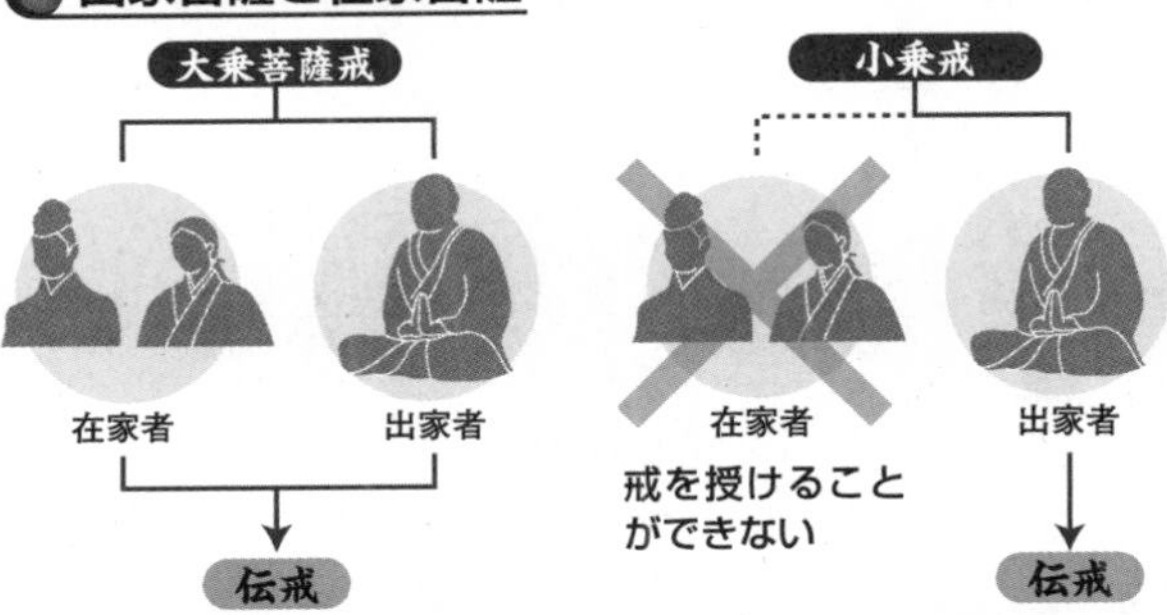

最澄は、小乗戒は出家者だけが受けることができる偏狭さを持つが、大乗菩薩戒はすべての生きものを仏の境地に導くものだとし、大乗菩薩戒壇の設立に尽力した。そして在家者にも伝戒を本務として解放した。

ができるというところに大きな特徴がある。完全な戒であることから円戒ともいわれる。

しかしこのような精神を説くだけでは何の意味もなさず、この精神をもって行を実践する必要がある。

そこで最澄は、菩薩としてなすべきことの要として「三聚浄戒」を採用した。

これは、菩薩の清浄な行ないを三つの体系に分類したものだ。すなわち、善行に励む「摂善法戒」、自己を律して戒に背く悪の心を退ける「摂律儀戒」、他者を認め衆生を教え導く「摂衆生戒」である。

最澄はまた、自分が受けた戒を他人に伝える「伝戒」の大切さを訴えた。

大乗菩薩戒の3つの考え

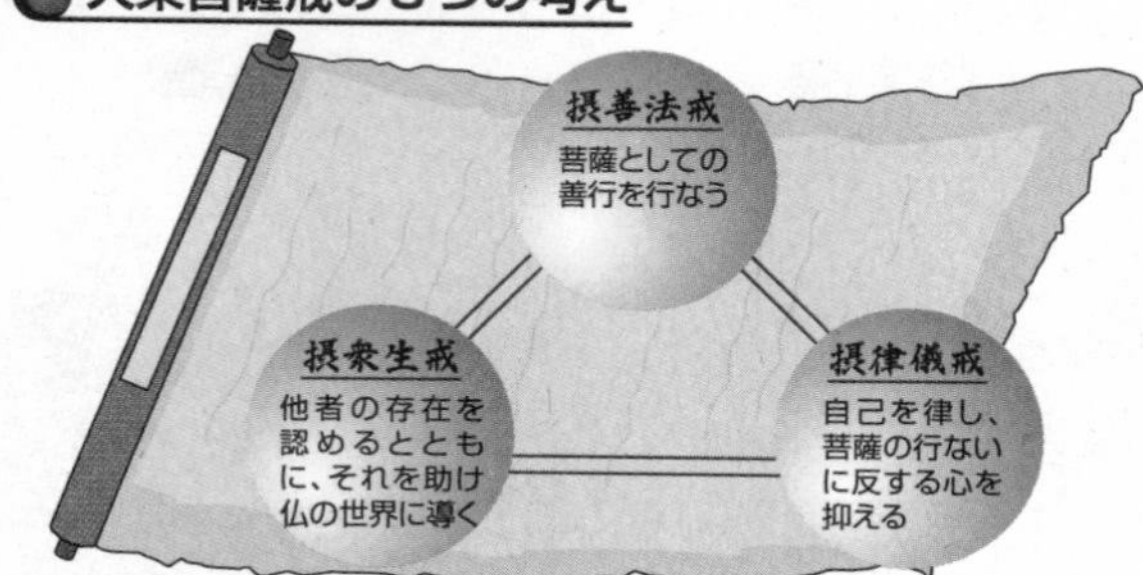

菩薩戒の実践において、最澄は菩薩のなすべき行ないの要の部分を説くため、上記3つの考え方を取り入れた。

これまで日本に伝わっていた仏教では、「伝戒」は出家者のみに許された領域であった。

そしてその出家者は修行が完成し、完全な菩薩となってから人々を救うと考え、俗世間を離れた地で自利のために悟りに向かって修行に励んでいたのである。しかし最澄は、出家者のみならず在家の菩薩にも「伝戒」を本務として開放した。それは、家族間でも夫婦間でも互いに師となることができるというもので、当時の仏教界においては飛躍的な考えだった。

最澄の理想は、出家菩薩と在家菩薩とが互いに力を合わせて仏国土をつくり上げるというところにあった。すなわち出家と在家との本質的な区別はなく、人々は、ただ菩薩となることを目指して、日々利他行に励めばよいのである。

第四章
最澄の教え

山修山学

「仏法を住持し、国家を守護せん」がための勤行

山修山学して人々の利益を想う心を培う

最澄は「六条式」で自らが理想とする人物像を示したのち、『勧奨天台宗年分学生式』、通称「八条式」を著わした。

これは「六条式」を補う細かな規定で、得度をするために比叡山で修行に励む得業学生や、得度後、受戒後の僧が比叡山で守るべき事項やどのような心構えで修行に臨めばよいのかを示している。

まず得業学生は比叡山で六年間の修行に励むことが義務づけられた。そして六年後、学業を成就した者は年分度の試験を受けることができ、見事それに合格すれば年分度者に選ばれ、得度し、僧籍を得ることができる。

もし学業が至らなかった場合は試験を受けることができず、僧への道を諦めざるを得なかった。

またこれらの得業学生はまだ出家者ではなく俗人であるため、食事や衣服などの経済的な負担は自己で負うべきであるとし、もし仏法に違反し、比叡山の規則を犯した場合はその時点で失格であるとする。

その後得度した学生は、その年に大乗菩薩戒を受け、受戒後は比叡山に籠って十二年の修行を求められた。

見事修行を十二年間勤め上げた者は合格で、そのうち規定の学業を修めた者は「優」、十二年間とにかく住山し得た者は「準優」とし、ここに晴れて天台宗の僧となることができた。

しかし十二年間籠山できなかった者、比叡山の規律を破った者は不合格とされ、天台宗の名簿から除籍された。

国家鎮護の思想

このように、「八条式」では天台僧となるために修行に励む学生についての具体的な規定を定めている。

さて、それでは「この世を仏国土として浄める」「常に世を救うべき仏事を成し

比叡山で修行した鎌倉仏教の祖師たち

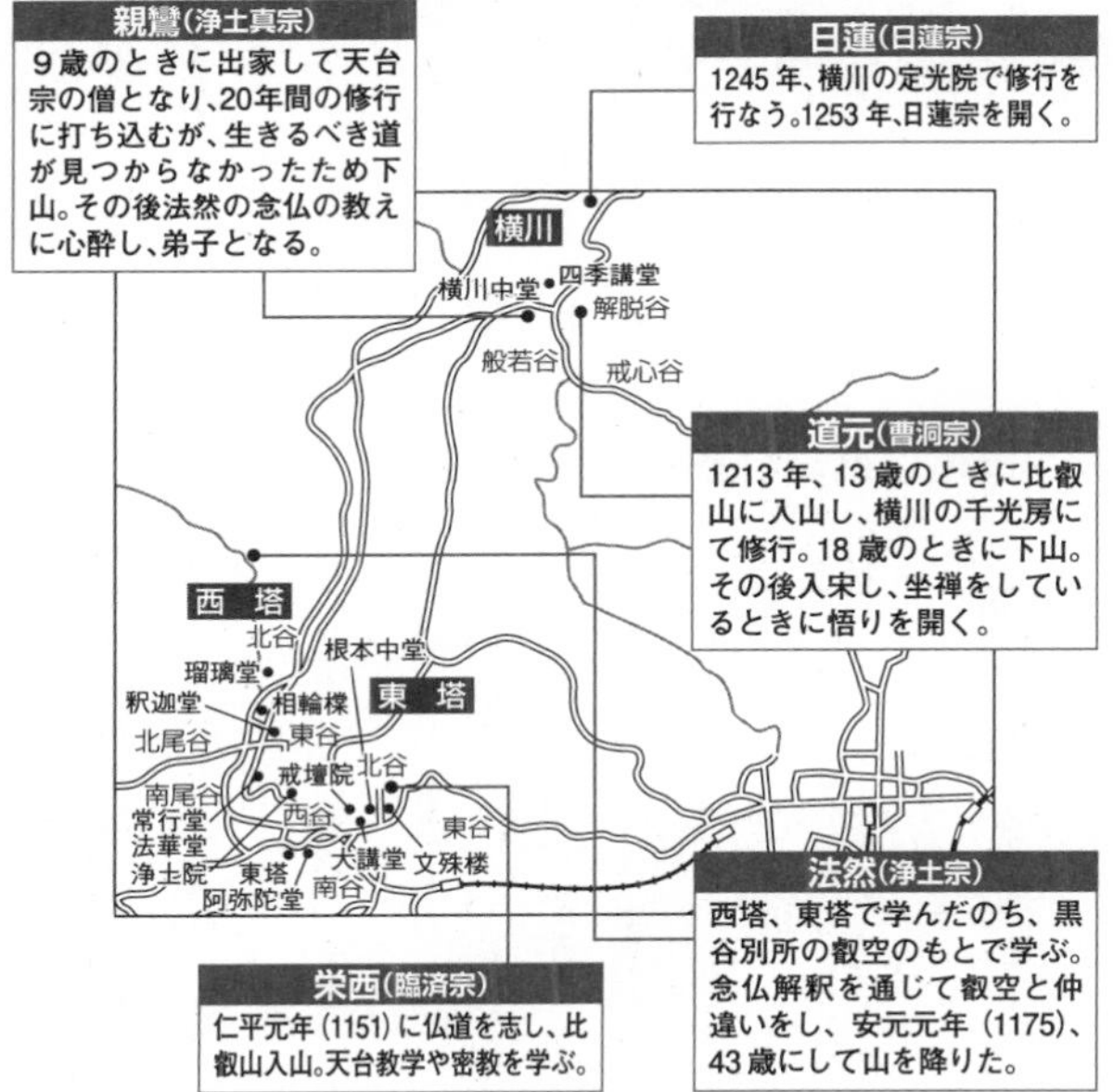

最澄の遺した教育は後世にも受け継がれ、鎌倉仏教の祖師たちも比叡山で学んだ。

たい」などと常々考えていた最澄が、この修行の規定に込めた思いとはいかなるものだったのだろうか。

その答えは最後の第八条に記された、「仏法を住持（じゅうじ）し、国家を守護（しゅご）せん」という言葉にある。

国家とは、国

王を中心としてすべての人々が幸福に生きる場を指す。人々の利益を思い、そのために菩薩の行ないをすることこそが国家を鎮護するということなのである。

当時の比叡山での修行は、草でつくった庵を房とし、その中に竹や葉を敷いて座所とする質素なものだった。

さらには自らの命を守ることよりも仏法の修学、実践に重点が置かれた厳しいものであったという。

最澄は、仏法を広め、国を守るという壮大な理想を掲げ、そのような人材を育成すべく門弟に厳しい修行を課したのであった。最澄が大乗僧の養成のために大乗戒壇の設立を請い、小乗戒を棄捨したことは前述の通りである。これをもって国から独立したなどとも言われるがそれは大きな間違いで、最澄の思想の根底には常に国を守るという強い意思があったのだ。

現在の比叡山の修行生活は、「論（教学の議論が盛んに行なわれる）・湿（湿気が多い）・寒（寒い）・貧（貧しい）」と表現される。

これは最澄当時の修行に通ずるものがあり、菩薩僧を育成しようとした最澄の考えがその根底にある。

第四章
最澄の教え

密教観

『法華経』と同一であるとする円密一致の考え

台密と東密

密教とは秘密仏教を略したものであり、その名の通り仏の秘密の教えとされる。言葉では伝えることができない（二項対立的概念によっては表現できない）仏の心、つまり悟りそのものが教義とされるが、その悟りの世界は悟りの境地に達した菩薩でも見ることができないという。

そのため密教の世界観が凝縮された極彩色（ごくさいしき）の曼荼羅（まんだら）や、大日如来（だいにちにょらい）の言葉である真言（しんごん）、両手の指をさまざまな形にあわせて結ぶ印契（いんげい）で、仏の悟りの世界を直観しようとする。これが密教の教えである。日本に伝わる密教には、最澄に始まる天台密教と空海を開祖とする真言密教の二つの流れがある。

最澄は入唐の際、龍興寺（りゅうこうじ）の順暁阿闍梨（じゅんぎょうあじゃり）のもとで密教を学び、このとき三部三昧耶（さんぶさんまや）（仏部三昧耶、蓮華（れんげ）部三昧耶、金剛部三昧耶）の印信（いんじん）を授かった。これが、天台密教の始まりとされている。

天台密教は台密、真言密教は空海が造営し、真言密教の根本道場であった東寺（教王護国寺）にちなみ東密と呼ばれ、それぞれ隆盛を極めていった。

それでは、法華一乗の教えを広めるべく奮闘した最澄は、この密教をどのように捉えていたのだろうか。

最澄は残念ながら密教に関する著作を残していないが、離反した弟子泰範に宛てた書簡に残る「法華一乗と真言一乗と何ぞ優劣有らん」との言葉から、その考えを読み取ることができる。つまり最澄は、真言密教をすべての人が仏になることができる法華一乗の教えと同じであるとしたのである。これを「円密一致」という。

この教えは、天台宗に本格的に密教をもたらした円仁以降も天台密教の根本思想として受け継がれていった。

●天台密教の教え

さて、最澄に始まり円仁、円珍、安然によって大成された天台密教ではどのような教えを説いていたのか。

天台密教の考え

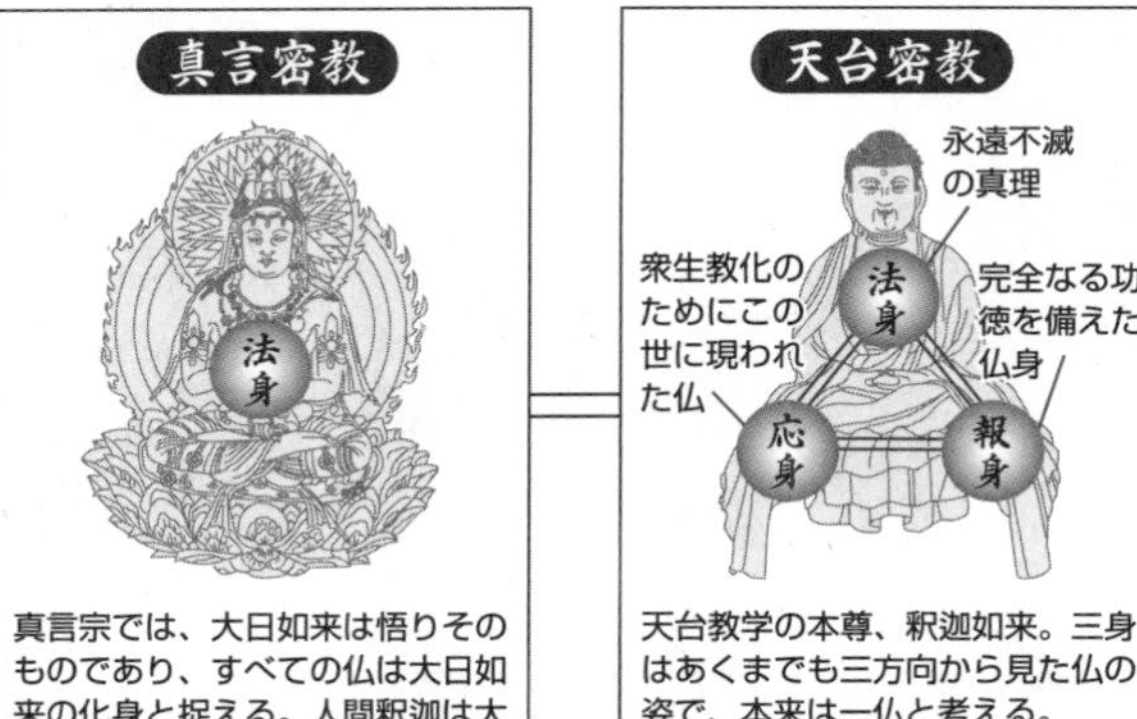

天台密教では、釈迦如来と大日如来を同一の仏であると位置づけているところに特徴がある。

密教では本尊である大日如来（だいにちにょらい）を至高の仏とし、釈迦やそのほかすべての仏はその化身であるとした。

これに対して天台密教では、この大日如来を天台教学で説く本尊と同じ仏であると位置づけている。

天台教学における本尊は、『法華経』に説かれる「久遠実成（くおんじつじょう）多宝塔中釈迦牟尼如来（たほうとうちゅうしゃかむににょらい）」が三身（さんじん）を具（そな）えた三身即一（さんじんそくいつ）の仏である。

三身とは、永遠不滅の真理で釈迦の本身である法身（ほっしん）、真理を悟った力を持つ報身（ほうじん）、衆生救済のため現世に人間として姿を表わした仏である応身（おうじん）を指す。そしてこれら

天台密教の流れ

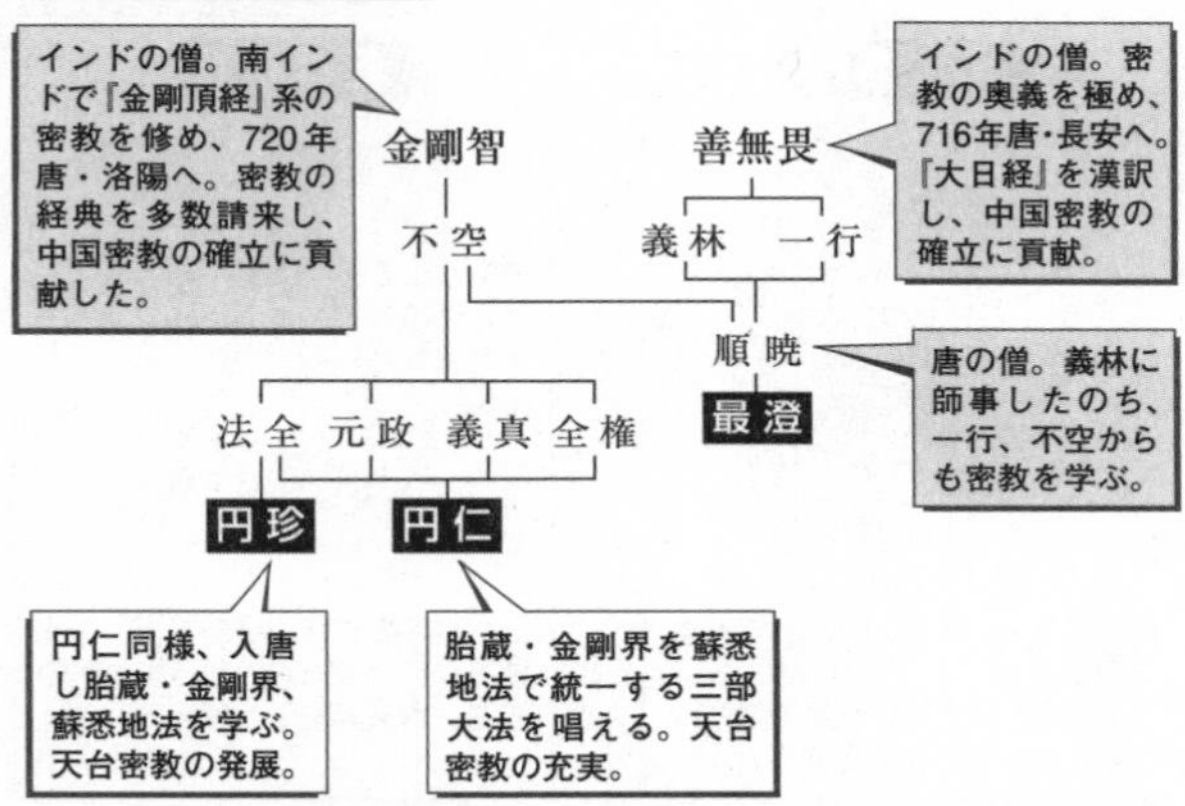

インドの僧。南インドで『金剛頂経』系の密教を修め、720年唐・洛陽へ。密教の経典を多数請来し、中国密教の確立に貢献した。
金剛智
不空
善無畏
インドの僧。密教の奥義を極め、716年唐・長安へ。『大日経』を漢訳し、中国密教の確立に貢献。
義林
一行
順暁
最澄
唐の僧。義林に師事したのち、一行、不空からも密教を学ぶ。
法全
元政
義真
全権
円珍
円仁
円仁同様、入唐し胎蔵・金剛界、蘇悉地法を学ぶ。天台密教の発展。
胎蔵・金剛界を蘇悉地法で統一する三部大法を唱える。天台密教の充実。

天台宗における密教は最澄に始まり、その後円仁のときに真言密教をしのぐほどになった。

の三身はいずれも同じ仏を三方向から見た姿なのであり、本来は一仏なのだ。すなわち天台密教においては大日如来もこの三身即一の仏と捉えるところに大きな特徴があるといえる。

また台密、東密に共通する密教の特徴とされるのが即身成仏、つまり人は現世で生身のまま究極の悟りを開き、仏になれるとする思想である。最澄は『法華秀句』のなかで自身の即身成仏論を展開している。これは『法華経』の「提婆達多品」で説かれる龍女成仏について述べたもので、修行を積んだ龍女に文殊菩薩が女人の成仏について問いかけたところ、たちどころに龍女は仏の姿となり成仏したという。これをもって、天台密教の即身成仏としている。

大日如来像

11～12世紀の作品。三身即一の仏と考えられている。

（ColBase（https://colbase.nich.go.jp/）蔵）

写経の勧め

—自己を見つめ、心身の安定をもたらす菩薩行—

『法華経』を心に持ち、読み、暗誦し、解説し、書写する者を「五種法師」と呼び、六根清浄の大功徳を得るとされる。より効果が大きいとされたのがお経を一文字ずつ書写する写経である。写経は釈迦の教えをほかの人に伝える菩薩行のひとつで、自らが仏と接することで心の迷いを和らげるとともに、先祖供養、所願成就などさまざまな功徳をもたらしてくれる行ないである。とくに雑念を振り払い、心の平安を得られる身近な実践行として広く親しまれてきた。

天台宗でも一隅を照らす運動の中で自己を謙虚に見つめなおし、心身のバランスを保つ実践として『般若心経』の写経を勧めている。

写経には、何も特別な作法があるわけではない。必要なのは小筆、硯、墨などの書道用具と写経用紙と手本。また経文を唱えるときのために数珠があればなおよい。

まず机の前に正座したら、ゆっくりと心を込めて墨をする。墨をすりおえたら合唱し、お経を唱え、いよいよ写経に入る。1行目は空けて、2行目に内題を書き、3行目から17字ずつ書いていく。「一字一仏」といわれるように、一字一字に仏が宿るため、一字ずつ丁寧に心をこめて書いていくことが大切だ。

写し終えたら奥題といってもう一度お経の名前を書き入れ、一行あけて年月日、願い事がある場合は「為」と書いてその下に願文を書き入れる。次の行に名前、その下に「謹写」と書き、すべて終えたら合掌し、「回向文」を唱えて終了である。

なお、天台宗の「一隅を照らす運動」では『般若心経』のほか『七仏通戒偈・円頓章』の2種類の写経用紙を用意しており、浄書された写経は「百万巻写経」として比叡山延暦寺に奉安することもできる。

第五章

比叡山の全貌

伽藍配置

最澄が生前に思い描いていた三塔十六谷

伽藍の整備・拡充

古来、霊山として崇められ修行場にされてきた比叡山の、現在へと至る隆盛の基盤を築いたのは最澄である。比叡山の大規模な伽藍は三塔十六谷と呼ばれる。三塔とは東塔、西塔、北塔(横川)のことで、十六谷は東塔の北谷、南谷、東谷、無動寺谷、西塔の北谷、南谷、北尾谷、南尾谷、東谷、北塔の般若谷、華芳谷、都卒谷、戒心谷、解脱谷、飯室谷である。これらの地域に大小百以上の諸堂が点在しているわけだが、最澄はこの比叡山にどのような堂宇を設けようとしていたのか。それを最澄の著作から読み取ることができる。

最澄が弘仁九年(八一八)に著した『九院事』や『比叡山寺僧院等之記』によると、一乗止観院、戒壇院、総持院、浄土院、四王院、八部院、山王院、定心院、西塔院の九院、一乗止観院、一行三昧院、法華三昧院、般舟三昧院、覚意三昧院、

最澄の構想

地区	九院	十六院	備考
東塔地区	一乗止観院	根本大乗止観院	
東塔地区		一行三昧院	のちの文殊楼院
東塔地区		法華三昧院	四種三昧堂の一つ
東塔地区		般舟三昧院	〃
東塔地区		覚意三昧院	〃
東塔地区		東塔院	近江宝塔院に始まる
東塔地区	戒壇院	菩薩戒壇院	大乗菩薩戒の戒壇
東塔地区	総持院	法華総持院	円仁が東塔院とあわせて大伽藍とする
東塔地区	浄土院	法華浄土院	のち大師廟となる
東塔地区	四王院		
東塔地区	八部院		北谷妙見堂
東塔地区	山王院		西谷千手堂
東塔地区	定心院		
東塔地区		護国院	計画のみで建立されず
東塔地区		根本法華院	〃
東塔地区		禅林院	〃
東塔地区		脱俗院	〃
東塔地区		向真院	〃
西塔地区	西塔院	西塔院	山城宝塔院に始まる
西塔地区		宝幢院	現在相輪樘が残る

最澄は比叡山に９院16院の堂の建立を構想していた。そのほとんどは東塔地区で、西塔、北塔（横川）地区は弟子たちによって整備拡充されていった。

東塔院（とうどういん）、戒壇院、総持院、浄土院、護国院（ごこくいん）、根本法華院（こんぽんほっけいん）、禅林院（ぜんりんいん）、脱俗院（だつぞくいん）、向真院（こうしんいん）、西塔院、宝幢院（ほうとういん）の十六院が初期の伽藍構想だった。

最澄の構想の大部分は東塔地区に集中しており、西塔地区に堂宇が整備されたのは、第二代天台座主（てんだいざす）円澄（えんちょう）と門弟恵亮（えりょう）の時代だった。横川と呼ばれる北塔地区はもともと最澄の構想にはなく、第三代天台座主円仁（えんにん）によって開創された。

最澄に始まり、その遺志を受け継いだ弟子たちによって比叡山は発展を遂（と）げ、その堂宇は最盛期には三千坊を数えたと伝わる。

東塔・西塔

瑠璃堂
相輪橖
弥勒石仏
円澄廟
釈迦堂
鐘楼
居士林事務所
恵亮堂
居士林研修道場
常行堂・法華堂
(にない堂)
西塔事務所
根本中堂
慈覚大師円仁廟
星峯稲荷
本覚院
蓮如堂
東谷
西塔政所
八部院堂
文殊楼
天梯権現社
総持坊
延暦寺会館
覚運廟
椿堂
伝教大師御廟
本 坂
至坂本
法然堂
光定廟
前唐院
国宝堂
山王社
聖尊院堂
比叡山自然教室
浄土院
阿弥陀堂
大書院
円竜院
山王院
戒壇院
延暦寺事務所
瑞雲院
大講堂
鐘楼
萬拝堂
大黒堂
弁慶水
一隅を照らす会館
法華総持院
法華総持院東塔
西尊院堂
坂本ケーブル
御山の御水
灌頂堂
四明が嶽
ケーブル延暦寺駅
比叡山
智証大師廟
紀貫之塔
比叡山頂バス停
南山坊
無動寺谷
閼伽井
比叡山頂駅
建立院
明王堂
護摩堂
大乗院
無動寺弁天堂
相応和尚廟
法曼院
宝珠院
慈鎮和尚廟
玉照院
至田の谷峠ゲート
至夢見が丘
最澄が構想した堂

比叡山の全貌

瑠璃堂

西塔北谷に位置する瑠璃堂は、元亀の法難を逃れた唯一の建築物だとされる。

第五章
比叡山の全貌

根本中堂

比叡山屈指の仏堂に祀られた本尊と不滅の法灯

比叡山屈指の仏堂

三塔十六谷と呼ばれる大規模な堂塔伽藍を擁する比叡山。数々の堂宇の中でも、まずその筆頭にあがるのが、根本中堂である。最澄の伽藍構想「九院十六院」の第一の建物であり、最澄が比叡山に籠った際、最初に築いた草庵・一乗止観院に端を発する日本有数の仏堂だ。

延暦七年（七八八）に創建された当初は本尊薬師如来を安置する薬師堂を中心とし、北側に文殊堂、南側に経蔵が配置された。いずれも檜皮葺の五間堂だった。第五代天台座主円珍の時代である仁和三年（八八七）に、三堂は一つの建物に納められるに至る。

その後根本中堂は火災の憂き目にあうが、これを再建したのが第十八代天台座主良源である。再建にあたり小規模な堂だった根本中堂の規模が拡大された。

根本中堂

比叡山の中心道場。昭和 29 年 (1954) に国宝に指定された。

　しかしその後も度重なる災害に見舞われ、現在の建物は寛永十一年（一六三四）、徳川家光の命で再建されたものである。このとき規模や平面形式は、明応二年（一四九三）の古図を参照したという。

　さて、根本中堂に足を踏み入れると、まず前庭を囲むように左右に回廊が延びている。ここは儀式の場としても使われるが、元来は聖域と俗界を隔てる結界という意味合いが込められていた。

　堂内は内陣、中陣、外陣からなり、僧侶の読経、修法の場でもある内陣は中、外陣よりも約三メートル程低くなっている。これにより中陣の玉座と内陣に安置された本尊が同じ高さとなり、仏と人が平等であるという思想を表現しているという。

●本尊の伝説

内陣の中央に安置された本尊薬師如来像は最澄の手によるものと伝わり、ある神秘的な伝説が残る。

かつて東大寺の戒壇院で戒律を受けたのち、比叡山に登った最澄は山上の赤栴檀の木に等身大の三体の如来像を彫った。

一番上に彫った像に、最澄が「あなたは薬師如来ですか」と問いかけたところ、その像は「そうだ」と答えた。中の像、下の像にもそれぞれ釈迦如来か阿弥陀如来かと問うたら「そうだ」と答えたという。そして最澄は、その薬師如来像を本尊として根本中堂に祀ったと伝わる。

その本尊の前には不滅の法灯が置かれている。三つの大きな灯明は法華一乗の教えの光で、人々を照らして国家を護持し、この世界に清浄な仏国土を建設するとの願いが込められている。千二百年もの間途絶えることなく内陣を灯し続けている。

根本中堂の変遷

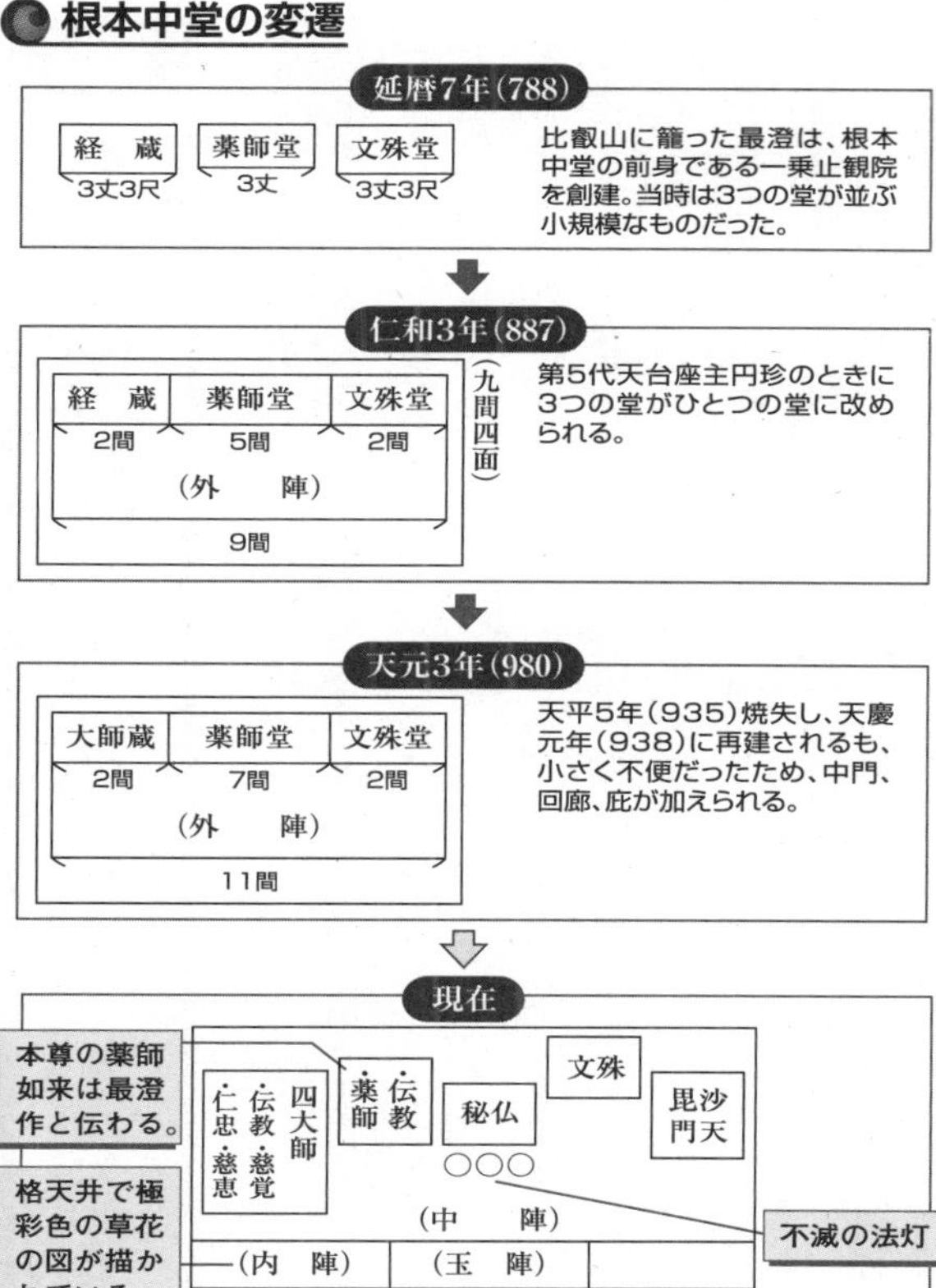

延暦7年(788)
経　蔵
3丈3尺
薬師堂
3丈
文殊堂
3丈3尺
比叡山に籠った最澄は、根本中堂の前身である一乗止観院を創建。当時は3つの堂が並ぶ小規模なものだった。
仁和3年(887)
経　蔵
薬師堂
文殊堂
2間
5間
2間
(外　　陣)
9間
(九間四面)
第5代天台座主円珍のときに3つの堂がひとつの堂に改められる。
天元3年(980)
大師蔵
薬師堂
文殊堂
2間
7間
2間
(外　　陣)
11間
天平5年(935)焼失し、天慶元年(938)に再建されるも、小さく不便だったため、中門、回廊、庇が加えられる。
現在
本尊の薬師如来は最澄作と伝わる。
格天井で極彩色の草花の図が描かれている。
四大師
伝教・慈覚
仁忠・慈恵
伝教・薬師
秘仏
文殊
毘沙門天
(中　　陣)
不滅の法灯
(内　陣)
(玉　陣)
(外　　陣)
11間
寛永8年(1631)台風によって倒壊したため、徳川家光の命により再建される。寛永19年(1642)竣工。内陣、中陣、外陣からなる現在の形となる。

大乗戒壇院

最澄入滅後に誕生した悲願の建造物

最澄待望の戒壇設立

最澄は生前大乗戒壇の設立に心血を注いだものの、その念願が叶い、勅許が下されたのは入滅一週間後のことだった。最澄の遺志は弟子へと受け継がれ、天長四年（八二七）、初代天台座主義真によって大乗戒壇院が建立されたのであった。

現在の建物は延宝六年（一六七八）に再建されたもので、寺院の代表的な建築様式である宝形造の建物である。内陣は石敷で、授戒三聖である釈迦如来、文殊、弥勒両菩薩が祀られている。普段は扉が固く閉ざされているが、年に一度、十月にここで円頓授戒会が催され、天台宗の僧侶に円頓菩薩戒が授けられる。この儀式は、天台座主を介して釈迦如来から直接戒を授かるという形式で行なわれる。

本尊である釈迦如来像には、天台的な特徴を見ることができると、実際にご本尊をつくられた仏師で天台宗の僧西村公朝氏は言う。通常の仏像であれば空気を吐

大乗戒壇院

最澄悲願の大乗戒壇院は、弟子の義真によって設立された。明治 34 年 (1901) に国指定重要文化財に指定されている。

き出してできる横しわを腹部に横線を一本入れて表すが、天台系の仏像には二本線が引かれていることが多い。さらに口元に注目するとまるで息を吹き出しているかのような形をしているという。

これは釈迦如来像が自身の法力（ほうりき）を強く噴（ふ）き出している様子を、このような力強い姿で現わしているためだと考えられる。このように考えると、たとえ礼拝（らいはい）の作法を知らない人でも、釈迦如来に対峙（たいじ）し拝むだけでその法力に触れることができ、その御利益（ごりやく）を頂戴することができるだろう。

大講堂

戒壇院に付属する学問研鑽の場

優れた学僧の輩出

厳しい環境の中で多くの学僧を輩出した比叡山にあって、その学問振興の歴史を現在に伝えるのが東塔の大講堂である。もともとは戒壇院の付属的な建物として義真が創建したものだ。

大講堂はその名の通り、『法華経』の講義を行なう学問修行の道場であり、天台宗の僧侶たちの学問研鑽の場として使われてきた。現在も法華大会広学竪義や天台会、法華十講などの法要がこの場で営まれている。

この建物も幾度も火災による焼失という憂き目にあっており、寛永十九年（一六四二）に再建後、昭和三十一年（一九五六）に再び焼失した。現在の建物は、昭和三十九年（一九六四）に山麓坂本にあった讃仏堂を移築したものである。

本尊として鎮座するのは密教の中心本尊大日如来である。密教の体系ではすべて

大講堂

昭和39年（1964）に移築された大講堂は、昭和62年（1987）重要文化財に指定された。

の仏や菩薩はこの如来より誕生したとされ、またその智恵の光明はあまねく一切に及び、その慈悲は永遠不滅とされる。

そしてその脇侍として、弥勒菩薩と十一面観音菩薩が鎮座している。

堂内には天台大師、最澄、円珍の尊像のほか、比叡山で修行し、各宗派の祖となった法然、親鸞、一遍、栄西、道元、日蓮らの尊像が安置されている。これにより、比叡山が各宗の祖師を輩出した日本仏教の母山であることが表わされているのである。

浄土院

侍真によって守られる比叡山の聖域

●比叡山きっての清浄な地

東塔西谷に位置する浄土院は、最澄が構想した九院の一つであり「法華清浄土院」と称される。その名の通り『法華経』に説かれる釈迦の浄土である「霊山浄土」を象徴するものとして位置づけられた。

最澄は弘仁十三年（八二二）に入滅し、その完成を見ることは叶わなかったが、仁寿四年（八五四）、第三代天台座主円仁が最澄の御廟として創建した。そして斉衡三年（八五六）七月十六日、中国五台山竹林寺の法式をもって、正式な御廟としての廟供が修されたと伝わる。

御廟の左右には、仏教の三大聖木とされる菩提樹と沙羅双樹が植栽されている。菩提樹は十二世紀頃、栄西が天台山のものを日本にもたらしたとされる。

浄土院は、阿弥陀如来を安置した阿弥陀堂と拝堂、廟宇、そして侍真が住まう

浄土院

比叡山の聖域・浄土院。平成21年(2009)から現在まで、戦後7人目となる侍真が最澄の真影にお仕えしながら修行の日々を送っている。

山坊からなる。

侍真は最澄の真影にお仕えする僧のことで、山修山学の制に基づいて十二年間休むことなく最澄の食事の給仕に務めるとともに、早暁から薄暮まで勤行と掃除を行なう。御廟はもとより浄土院周辺一帯を落ち葉一枚ですら留めず、さらには草一本生えないよう徹底した掃除が日課として義務づけられている。その厳しさから比叡山三大地獄の一つ、掃除地獄と表わされるほどだ。

こうして浄土院は比叡山内でも随一の清浄な聖域となっている。

釈迦堂

西塔の中心をなす比叡山最古の堂舎

●天台式の建築様式

最澄が自らの伽藍構想をもとに実際に寺院建立を行なうことができたのは、東塔の四院と西塔の相輪樘のみであった。その後最澄の遺志を受け継いで西塔を実質的に開いたのは、第二代天台座主円澄や初代天台座主義真から戒を受けた恵亮である。

西塔の中心をなす大堂は釈迦堂で、転法輪堂とも呼ばれる。承和元年（八三四）に執り行なわれた落慶供養会では、円澄を壇主とし、左の呪願（法会の際に願意を述べる僧）に空海、右の導師（集まった僧の中心となり儀式を行なう僧）に南都法相宗の護命を迎えた盛大なものであったと伝えられている。

創建時の建物は、その他の堂宇と同様元亀の法難で焼失しているが、文禄四年（一五九五）に豊臣秀吉の命により三井寺の金堂弥勒堂が移築され、現在に至る。その金堂弥勒堂は貞和三年（一三四七）頃に建立されたという記録があり、現存する比

釈迦堂

西塔の本堂・釈迦堂。明治33年(1900)に国指定重要文化財に指定された。

叡山の堂宇のなかでは最古の建築物となっている。

建物には鎌倉時代の和様建築の特徴がよく現われている。また、板張りの外陣よりも土間の内陣が低くつくられている点や格子型に組まれた組入れ天井など、東塔の根本中堂と同様天台様式の典型的な形を見ることができる。

本尊は最澄が自ら彫ったとされる釈迦如来立像である。

また釈迦堂の真後ろの林には、焼き討ちによる傷みがあるものの、山上唯一の石造の弥勒像が佇んでいる。

文殊楼

比叡山総門の役割を果たす二重の楼閣

円仁が請来した五台山の文殊信仰の粋

文殊楼は最澄の伽藍構想、十六院の一つであり、四種三昧のうち常坐三昧を行なう道場であることから常坐三昧院とも呼ばれている。

文殊楼の建築は最澄によって企図されたものであるが、その在世中には叶わず、貞観三年（八六一）、円仁によって着手された。円仁は入唐時、天台山に入ることが許されず、文殊菩薩の聖地である五台山に赴いた。そのときに文殊菩薩の夢告を受けたことからこの院を建てる決意をしたといわれる。建物は五台山の文殊堂を模してつくられ、壇の五方には五台山より請来した霊石が埋められた。

円仁はその完成を生前に見ることは叶わなかったが、その遺志は弟子たちに引き継がれ、円仁入滅の二年後の貞観八年（八六六）、五台山の香木を胎内に納めた文殊菩薩像が祀られて落慶供養が執り行なわれたと伝えられる。

文殊楼

比叡山の総門にあたる文殊楼。昭和48年(1973)に大津市の指定文化財となった。

文殊楼は、比叡山延暦寺の全体の総門としての役割を担う重要な建造物でもある。比叡山の総本堂である根本中堂とは高い石段で繋（つな）がっており、まずこの門をくぐり、石段を降りて根本中堂に参拝するのが正式な形となっている。

文殊楼は元亀の法難で焼失し、根本中堂再建と同じ年の寛永（かんえい）十九年（一六四二）に再建された。しかし寛文（かんぶん）八年（一六六八）に再び焼失し、その後建て直された。

二重の楼閣（ろうかく）になっており、楼上には、獅子（しし）の背に坐した文殊菩薩が安置されている。

法華総持院

天台密教の秘法を勤修する根本道場

●天台密教の秘法を行なう大伽藍

法華総持院の総持とは、密教で用いられる呪力を持つ唱句、陀羅尼の意訳であり、真言とほぼ同義である。法華総持院は天台密教の根本道場として最澄が企画したものだった。しかし最澄在世中は、その核を成す東塔（近江宝塔院）の心柱が建てられたに過ぎなかった。この遺志を引き継いだのが、やはり円仁だった。円仁は入唐中に見聞した長安、青竜寺の鎮国道場にならい、仁寿三年（八五三）に工事に着手すると、十年の歳月をかけて天台密教の大伽藍として完成させた。

現存最古の「東塔絵図」によれば、中心に位置するのは胎蔵界の五仏を安置する多宝塔で、その左右には胎蔵・金剛界大曼荼羅を安置する灌頂堂と熾盛光大曼荼羅を安置する真言堂が建ち並んでいた。さらには、灌頂阿闍梨房、僧房二宇、楼門などの建物があり、それらが四面の回廊で結ばれていたという。

法華総持院東塔

最澄が構想した六所宝塔の中心をなす。建立当初は大規模な伽藍だったことがわかっている。

そもそも円仁がこの法華総持院を建立したのは、時の文徳天皇の勅命によるものだった。

唐の内道場で行なわれていた天皇の除災・招福を祈る修法、熾盛光法の勤修が目的で、以降熾盛光法は天台密教の随一の秘法とされて法華総持院で勤修され続けた。

当初創建された法華総持院は室町時代に放火によって消失して以来長らく再建されないままであったが、昭和六十二年（一九八七）、比叡山の開創千二百年を記念して復興された。

横川中堂

円仁の発願で良源によって完成

●横川の始まり

最澄の伽藍構想にはなかった横川を拓いたのは、円仁だった。

横川が比叡山の歴史に登場し始めるのは天長六年（八二九）頃のことである。籠山十二年の修行ののち上野、下野方面に布教をして比叡山に戻った円仁は、さらなる境地を得んと静閑の地を求めて比叡山の山上北方の地に草庵を築いて籠居した。そして『叡岳要記』によると、大きな杉の洞穴で三か年に及ぶ四種三昧の修行を行なったという。

天長十年（八三三）、四十歳のときに円仁は大病を患い、一時期は目が見えなくなり死を覚悟するほどだった。

しかし一夜の夢に不死の妙薬を得、奇跡的に回復を遂げる。そしてそのことに感謝した円仁は燈油で墨をつくり、草の茎で筆をつくり、如法水と呼ばれる清浄な涌

横川中堂

円仁によって建立された横川中堂。横川地区の中心であり、新西国霊場第18番札所となっている。

き水を使って、六万八千字にも及ぶ『法華経』八巻の写経を行なった。

一字三礼の儀、すなわち一字を書くごとに仏・法・僧の三宝を祈念しながら書写したこの経を、円仁は根本如法塔を建てて納めた。

これが北塔、横川の起源であり、横川が三塔の一つに数えられるのはこの宝塔に起因する。

良源が完成させた横川中堂

その横川の中心となるのが横川中堂である。円仁は入唐求法の旅から帰国した嘉祥元年（八四八）九月に横川中堂を建立し、横川の基礎を固めた。このとき、本尊として聖観音菩薩と毘沙門天の両尊が祀られた。

これは円仁の乗った遣唐使船が嵐に遭遇し、あわや沈没の危機に瀕した際、観音菩薩の化身である毘沙門天が姿を現わしたかと思うと、たちどころに嵐が静まったという霊験を得たことに由来する。

そして良源が天延三年（九七五）に横川中堂を改築した折、本尊を聖観音菩薩、脇侍に毘沙門天と不動明王を配する三尊形式としたのである。

しばらく横川中堂は元亀の法難にあい、焼失。慶長年間（一五九六〜一六一五）に豊臣秀頼によって再建されたが、昭和十七年（一九四二）には落雷で再び焼失した。

その後その姿のまま止め置かれていたが、昭和四六年（一九七一）年、伝教大師千五十年遠忌を祈念して再建され、現在に至る。

このように創建以来たびたび改修が施されたが、良源により建てられた形式が今日に伝わっている。

横川中堂は、斜面を利用してつくられた一部懸造という建築様式となってお

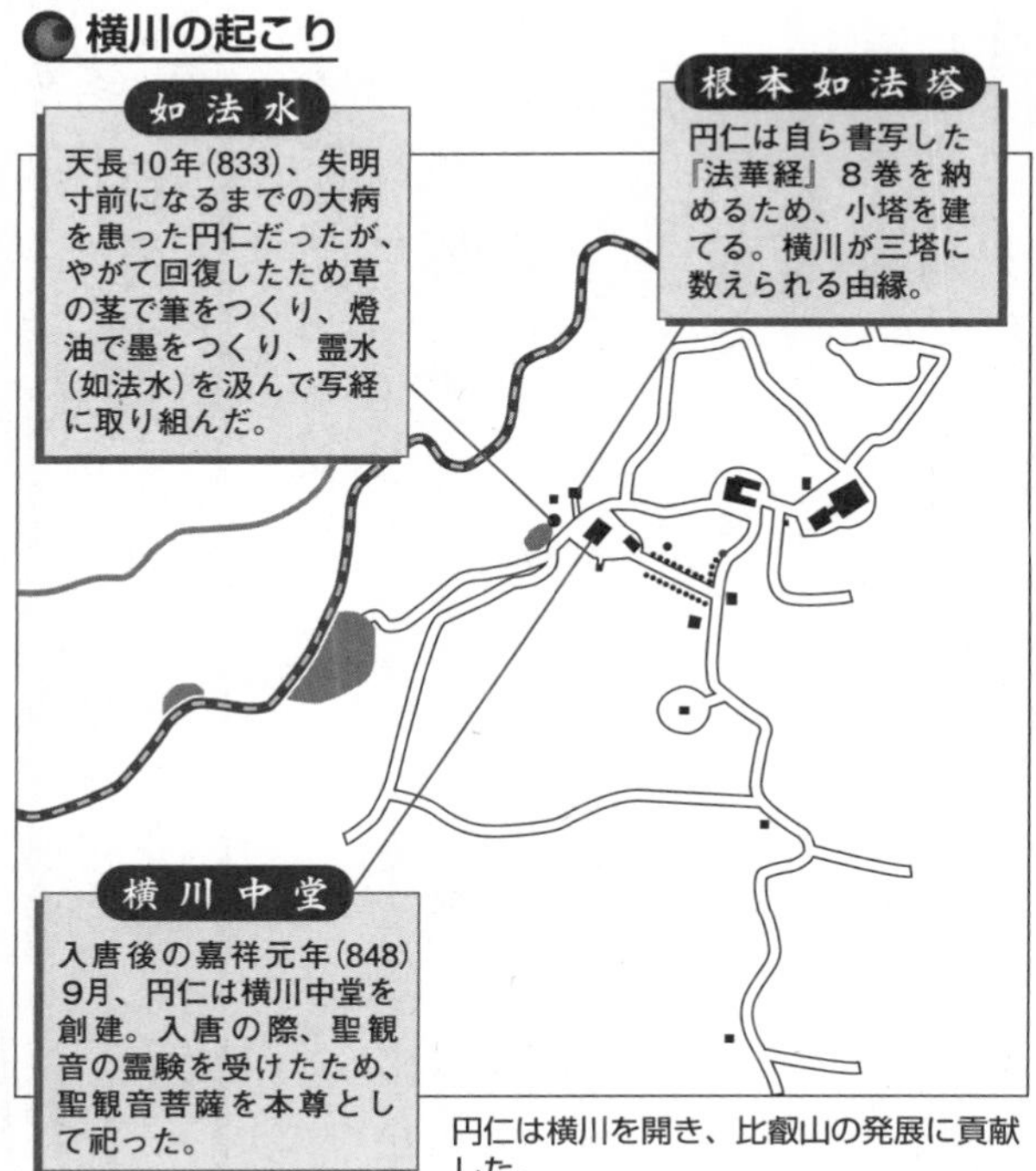

円仁は横川を開き、比叡山の発展に貢献した。

り、三方が京都の清水寺（きよみずでら）本堂と同じように舞台づくりとなっている。

また、円仁の自作と伝わる本尊の聖観音菩薩は平安時代の作で、度重なる災禍（さいか）に見舞われたにもかかわらず、それらを免（まぬが）れ現代に伝わっている。

四季講堂

四哲ほか法然、親鸞、日蓮などを輩出した看経地獄

●天台宗中興の祖、良源ゆかりの道場

四季講堂はもともと良源の住房定心坊だった。それが康保四年（九六七）に村上天皇の勅命で春夏秋冬の四回、『法華経』の論議を行なうことを定められたため、四季講堂と呼ばれるようになった。

四季講堂には全国から学僧が集い、論議が重ねられた。そして学問の研鑽の場となったこの環境から、良源門下で四哲と呼ばれた恵心（源信）、覚運、覚超、皇慶のほか、法然、親鸞、一遍、日蓮などが輩出された。

はじめは弥勒菩薩を本尊としたが、やがて良源の画像を本尊として祀るようになったことから元三大師信仰の根本道場となり、元三大師堂とも呼ばれるようになった。現存の建物は承応元年（一六五二）に再建されたもので、一月三日と九月三日にこの場所で元三会が執り行なわれ、近畿地方全域から多数の信者が集う。

四季講堂

春夏秋冬に『法華経』の論議が行なわれたことからその名がつけられた四季講堂。元三大師を本尊としていることから、「横川の大師さん」と呼ばれ親しまれている。

四季講堂は、比叡山で行なわれるお勤めのなかでもその厳しさ、苛酷さから比叡山三大地獄の一つ、看経(かんきん)地獄としても知られる。

現在は横川の一山寺院(いっさんじいん)の住職が二〜三年ずつ交代で執事を務め、良源の真影に仕えながら毎日欠かさず七座の修法を行なっている。

また、良源はおみくじの創始者といわれることから、四季講堂はおみくじ発祥の地ともされている。

さらに良源は魔除けの大師としても信仰を集め、良源が「角(つの)大師」「豆(まめ)大師」の絵姿で描かれた護符(ごふ)が四季講堂で授与されている。

にない堂

弁慶伝説が残る念仏道場

●天台宗の修行の特徴を体現し、発展を担った施設

最澄の定めた止観行の修行のうち、常行三昧を行なう道場が常行堂、半行半坐三昧を行なう道場が法華堂である。西塔地区にあるこれら二つの堂はよく似た形をしており、渡り廊下でそれぞれが結ばれている。その姿がまるで天秤棒のようであることから、この堂には、かつて武蔵坊弁慶がこの廊下を天秤にして担いだという伝説が残り、両堂を合わせてにない堂と呼ばれるようになった。

にない堂は、もともと最澄の伽藍構想に含まれていた建物だった。しかしその在世中は建築には至らず、のちその遺志を継いだ円仁によって創建された。現在の堂は文禄四年（一五九五）に再建されたものである。常行堂の本尊は阿弥陀如来、法華堂の本尊は普賢菩薩となっている。

円仁は入唐時の承和七年（八四〇）五月、五台山竹林寺で五会念仏を学び、帰

にない堂

写真手前が法華堂で奥が常行堂となっている。両堂は渡り廊下でつながれており、これは法華と念仏が一体であることを示しているという。

国後の仁寿（にんじゅ）元年（八五一）、常行堂で五会念仏を弟子たちに伝えた。

これによって最澄が伝えた止観（しかん）念仏（ねんぶつ）に極楽往生（ごくらくおうじょう）を願う浄土（じょうど）思想が取り入れられることになり、比叡山における浄土教の発展を誘発した。

これが、法然や親鸞などの念仏門の祖師を輩出する素地となったのである。

現在もにない堂は九十日間に及ぶ常行三昧、常坐三昧の修行道場として使用されており、修行期間中、参詣者はこの堂に近づくことは禁じられている。

仏前結婚式
―本尊の前で誓い合う節目の儀式―

それぞれ異なる環境で育った男女が知り合い、これから生活をともにしていくことを誓う人生の節目ともいえる結婚式。人生第二のスタートとされるだけに、仏とご先祖の前で式を営むことは、信徒にとっては大変有意義なことである。

仏前結婚式では、本尊の前に、手前中央から五具足（または三具足）、五穀を置き、その右に海の幸、左に山の幸、奥の中央に餅、その左右に菓子、果物などを供える。そのお供え物の前に右から銚子、瓶子、土瓶を並べる。その前に式を司る戒師と唄を唱える唄師が立ち、戒師と机を挟んで新郎新婦が、その後ろに媒酌人が並ぶ。

天台宗では、『天台宗方式作法集』『天台常用法儀集』に定める式次第に沿って挙行される。一般的には、次のように行なわれる。

入堂したのち、まずは仏・法・僧の三宝への礼拝を行なう。その後戒師が三宝を式場へと招く文を唱え、両家両人の結婚式が挙行されることを仏前に報告する。そして加持された清浄な水を新郎新婦、参列者にかけ心身を清めたのち、新郎新婦は三毒、すなわち貪、瞋、痴を犯さないこと、三宝に帰依することを誓い、三三九度の杯を交わす。そして戒師から念珠と人生の指針となる要文が授けられ、式が円成したことを仏前に報告する。続いて新郎新婦は誓いの文を読み、仏前に捧げたのちに香を捧げ、仏を始め一切に供養する。

それが終わると、参列者一同による『般若心経』の読誦が行なわれたのち、新郎新婦は結婚の喜びと和合の功徳が自他ともに及ぶことを願い、式は終了となる。

第六章

比叡山の行

第六章
比叡山の行

比叡山の行

最澄が残した修行者への理想と教育方針

山林修行の場として数多くの高僧を輩出した比叡山。古くは大山咋神が鎮座する神山として崇められていたことが『古事記』に残されており、奈良時代にはすでに修行が行なわれていたと考えられている。

そして日本天台宗の祖・最澄によって本格的に開かれ、日本屈指の修行場としての地位をいまに至るまで守り続けている。

最澄の理念とは

現在も比叡山では悟りの境地を目指して数多くの修行が行なわれているが、そこには最澄の理念が反映されている。それは、菩薩僧の育成である。

最澄は、菩薩僧の育成が鎮護国家につながると考えた。菩薩とは、仏の教えに従って悟りを目指し、同時に他者の利益のために励む人のことであり、慈悲の心を持ち合わせた人のことをいう。

さらに最澄は『山家学生式』でこの菩薩僧を三種にわけて人材の育成に取り組んだ。すなわち理論に優れた人物（国師）、実践に優れた人物（国用）、理論と実践に優れた人物（国宝）である。

このように、それぞれの個性に応じて人材を育成し、それぞれの能力に応じた活躍の場を与えようとした点に、最澄の教育理念を見出すことができる。

比叡山で行なわれる修行は、この理念に基づき天台教学の理論と実践を身につけるためのものである。

そしてその根底には、最澄が打ち出した十二年籠山の山修山学の制度がある。最澄は「最下鈍の者も十二年を経れば必ず一験を得る」という信念に基づき、最初の六年は己の考えを深めるための聴講と研究、つまり自行を行なわせ、あとの六年は思索と実践を主とし、他人のために行動する化他行を学ばせた。

これは現代の教育制度のような知識を指標とした学力偏重主義ではなく、仏の教えをそれぞれの日常生活に活かし、なおかつ自分の置かれた状況において精一杯精進、努力し続け人々のために尽くすといった精神を教えるものである。この考えがいまに伝わる比叡山の行に影響を与えている。

前行と四度加行

天台宗の僧になるための始めの修行

●比叡山行院での六十日

天台宗の僧になるには、まず師僧(しそう)のもとで得度(とくど)、つまり仏道に帰依(きえ)する誓いを立てる必要がある。そののち横川(よかわ)にある比叡山行院(ひえいざんぎょういん)で六十日間に及ぶ修行に臨まなければならない。これが前行(ぜんぎょう)と四度加行(しどけぎょう)である。

この最初の修行過程は比叡山行院において毎年春、夏、秋に開設されており、ひとたび門をくぐれば満行(まんぎょう)、すなわち修行を完遂(かんすい)するまでは重篤(じゅうとく)な病などよほどの事情がない限り下山は許されない。

もし途中で下山を余儀なくされた場合は、もう一度初めからやり直さなければならない。

まず修行の前半、前行では、仏教の基礎や天台宗の教義は言うに及ばず、法衣(ほうえ)の着脱、僧としての立ち居振る舞い、読経(どきょう)の仕方、仏前の荘厳(しょうごん)など僧として必要不可欠な知識や所作を身につける修行となっている。まさに基礎中の基礎を学ぶのである。

しかし基礎とはいってもこの短期間に天台宗の僧としての必要最低限のことを身につける必要があるため、朝五時の起床から夜十時の消灯まで、終日、実習や勤行に務めなければならない大変厳しいものとなっている。さらに朝昼晩の食事も厳格な作法に則らなければならず、これらを通して僧に求められる自覚と精神性を培うのである。

前行の終わりには検定試験と三千仏礼拝行が行なわれる。三千仏礼拝行とは、過去・現在・未来においてそれぞれ千ずつおられる仏の名を、一日千仏の名を唱えながら五体投地の礼拝を行なうものである。五体投地礼は額、両膝、両肘を地面につけては立ち上がり礼拝するというもので、これを一日千回、三日間行なうため体力的にも非常に厳しい修行となっている。

密教修行

前行を無事修了すると、今度は後半の過程、四度加行に入る。これは密教を中修法を、護摩法の四つの修法を、胎蔵界法、金剛界法、十八道法、心とした行の履修であり、段階を踏まえて積み重ねていく。

この修行を行なう上で基本をなす行が、三密加持だ。これは、密教儀礼を行なうためには必要不可欠なものである。

三密とは「身密」「口密」「意密」のことで、身は身体、口は言葉、意は心を意味する。具体的には、それぞれの修法の本尊を表わす印を手で結び（身体）、真言を唱え（言葉）、心に仏を念じる（意）ということである。この一連の動作を完璧に行なえるようになることで本尊と一体となり、不浄を取り除き魔を滅することができるとされており、これを加持という。

四度加行の過程は初夜座（午後一時から）、後夜座（午前二時過ぎから）、日中座（午前八時から）と一日を三回にわけて行なわれる。

一座は大体三～四時間にも及び、さらにこれらの過程では、常に三密加持の行がついて回る。

こうして前行から四度加行までの六十日間をまっとうすることができれば、晴れて正式な天台僧として認められるのである。

比叡山行院

比叡山行院では、天台僧としての初めの修行が行なわれる。

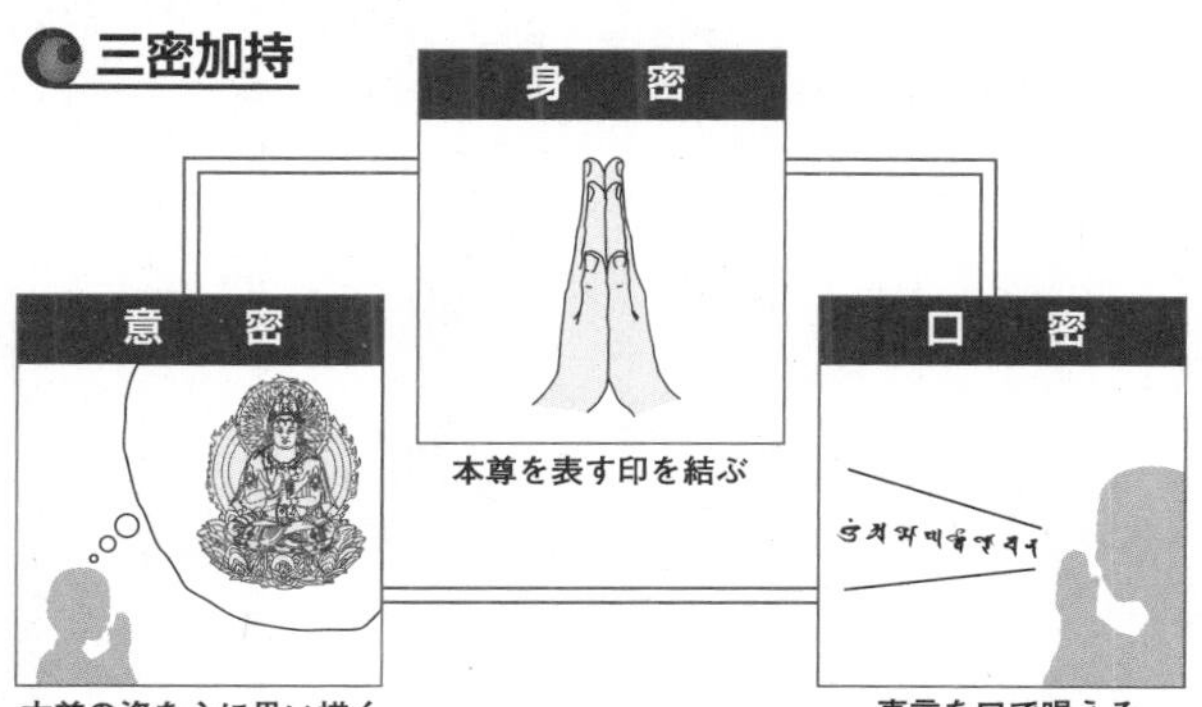

密教の修法の基本となる行を三密といい、これらを行なうことで即身成仏、つまり大日如来と一体化して悟りの境地に達することができるとする。これを三密加持という。

四種三昧

『法華経』などの顕教を学ぶ止観業の実践行

一念三千の境地を目指す

最澄は、大乗仏教の僧侶の育成方法として二通りの方法を示している。ひとつは『法華経』などの顕教を中心に学ぶ止観業、もうひとつは『大日経』など密教中心に学ぶ遮那業である。その止観業の実践行として最澄が取り入れたのが、四種三昧だ。

四種三昧はもともと天台大師が『摩訶止観』の中で説いた修行法で、天台宗の根本の修行となっている。この修行は、諸法実相の観得、すなわち悟りを目的とする。目前に現象している一切のもの（諸法）の真実相を直観するのである。そしてこれを得る方法として、「観心（自己の心を観察する）」を用いるのが天台宗の禅、止観なのだ。

心を観察するのは「すべてのものは心によって成立している」という釈迦以来の

伝統的な世界観による。心の働き（認識）と対象物とが相依って対象物を認識する心が起こる（縁起する）のである。

さて、それではどのようにして「心の実相（一切法の実相）」は観得されるのか。それを説明するには、まず心がどのように世界を構築しているのかを知る必要がある。天台宗では、「一念三千」と観ずる。一念とは一瞬の心という意味で、三千とは一瞬の心が複雑な構造を秘めていることを表わす。

まず迷いの生存から悟りの生存へと連なるベクトル上にあるのが人間であるとの理解に立った上で、心によってつくられた生きざまの十範疇、十界を説く。十界とは地獄、餓鬼、畜生、修羅、人、天、声聞、縁覚、菩薩、仏のことで十法界（真理の領域）ともいう。

十法界は一心に具わっているのであるが、心は一瞬一瞬に対象物を捉えてはそれを表現し続けて止むことはない。

たとえば一刹那に地獄が顔を出したかと思うと、次の瞬間には菩薩が顔を出す。天台宗では一瞬地獄が現われたとしてもこの地獄にはほかの九法界が具わっていると理解する。

すなわち十法界はそれぞれに十法界を具えているのである。これを十界互具という。

さらに天台大師は、これらの世界は五陰世間（人間を巡る一切のものを成り立たせる根本要素である五陰・十二処・十八界）、衆生世間（五陰が仮に和合して成り立っている生き物）、国土世間（衆生が生存する場）の三種の上に構成されていると説く。

そしてこの三種世間は、それぞれ十法（ものを成立させている十の真理的性質）を具えている。十法とは、『法華経』方便品にある十如是を指す。十如是は相（外的な現象）、性（内的な本性）、体（本体）、力（能力）、作（作用）、因（原因）、縁（原因を助ける補助的な条件）、果（結果）、報（後世の結果）、本末究竟等（以上の九つのカテゴリーが相互に関係しあい、そのまま平等の真理を表わしていること）である。

すなわち十法界×十法界×三世間×十如是で三千という構造式が成り立つ。心はこうした三千の構成要素を性として持ち、縁によって外形的生きざまを刹那刹那に現わしている。

天台宗のすべての実践行の目的は、こうした心の実相を観得することにあるのである。

四種三昧とは

常坐三昧は、九十日間を一期としてひたすら堂の中で坐禅を続ける修行である。眠気を覚ます経行（歩行）と食事、トイレ以外はほかの行動をすることは許されない。

またこの間は経典の読誦すら認められないが、疾病や睡魔に襲われたときは仏の御名を唱えることが許されている。

常行三昧は阿弥陀仏が鎮座する須弥壇の周囲を、合掌して阿弥陀仏の名を唱えながらひたすら歩くというものだ。常坐三昧と同じく九十日間昼夜を問わず行なわれる。三昧中に仏が行者の前に現われることから、仏立三昧とも呼ばれている。

半行半坐三昧は、坐禅と行道を組み合わせた実践法で、『大方等陀羅尼経』に基づく方等三昧と『法華経』による法華三昧の二種の修行法がある。

方等三昧は七日間を一期として、請仏、懺悔ののちに「摩訶袒持陀羅尼呪」を

常行三昧

常行三昧では、90日間念仏を唱えながら阿弥陀如来の周囲をひたすら歩く。

唱えながら道場内を百二十回行道し、礼拝を行なったあとに坐禅思惟するというものである。

法華三昧も行道と坐禅を組み合わせたもので、おもに五体投地礼、懺悔、『法華経』を読誦しながらの行道、坐禅からなる。

非行非坐三昧は、特定の行動や期間を定めない修行方法で、日常生活におけるすべての行動が修行であるとする。

つまり、人生における全行為が菩薩への道であることを心に刻みつけることが重要だ、と教える修行だ。

第六章
比叡山の行

十二年籠山行

比叡山の結界から出ることなく行に専念

末法思想と山修山学

日本に大乗(だいじょう)仏教を広めようと尽力した最澄が、大乗僧の育成のために打ち出した制度が十二年籠山行(ろうざんぎょう)である。これは十二年間比叡山の結界(けっかい)から出ることなく、止観業もしくは遮那業の行に専念する修行である。最澄がこの厳しい山修山学の制度を定めた背景には、末法(まっぽう)思想が大きく影響していたと考えられる。

末法思想とは、釈迦が入滅(にゅうめつ)し時代が下るにつれ、その教えが廃(すた)れ社会に混乱が起き、やがて破滅が訪れるというものである。

当時日本仏教界の中心だった南都(なんと)仏教の僧たちが財や名声を求める挙句(あげく)、庶民へ寄り添うこともせず、信仰をおろそかにし、菩薩の精神を欠くという仏教界の腐敗を見た最澄は、この原因を時代が末法であるからだと考えた。

そしてこのような風潮を改めて国家の三災（火災・風災・水災）を除くためには、

十二年間ひたすら比叡山に籠って精進し、徹底的な清浄を求めなければならないと考えたのである。

●厳しい修行の日々

現在この十二年籠山行が適用されているのは、回峰行と祖廟の籠山行の二つである。ここでは祖廟の籠山行について解説していこう。

祖廟の籠山行を行なうにはまず侍真になる必要があり、それには好相行という大きな関門が待ち受けている。

これは仏から直接大乗戒を授かるというもので、「自誓受戒」と呼ばれている。

まず釈迦、文殊、弥勒の三聖が描かれた掛け軸を、道場の中央に掲げる。行者はその掛け軸の前に過去、現在、未来を司る三千仏の名を記した『三千仏名経』を開き、一仏ごとに五体投地礼を行なう。これを毎日、暁天から深夜まで三千回繰り返すのだ。修行中、二度の食事とトイレ以外はその場を離れることはできず、体力的にも精神的にも非常に厳しい修行なのである。

昼夜を問わず不眠、不臥、不休で行なわれるこの行は、その行の最中に好相を感

籠山行への流れ

①願　書　の　提　出

まず籠山行を志望する願書を師僧に提出し、許可を得る。

②好　　相　　行

過去、現在、未来の三千仏を1日3000回、五体投地で礼拝。
現実に仏の姿を見るまで繰り返される。

③自　誓　受　戒

戒壇院で自ら仏に誓って戒を受けたのち、侍真となって
十二年籠山行に入る。

得、すなわち仏が目の前に現われるまで続けなければならない。そのため期間は定められておらず、好相感得をもって仏から受戒したと認められる。記録によると、五百七十五日間続けた行者が最長だという。

そののち、大乗戒壇院で儀式としての授戒を行なう。そしていよいよ十二年間の籠山に臨むことになり、天台座主（ざす）から侍真の辞令が下されるのである。

侍真になると、十二年間、一日も欠かすことなく定められた日課を勤めなければならない。

●侍真の一日

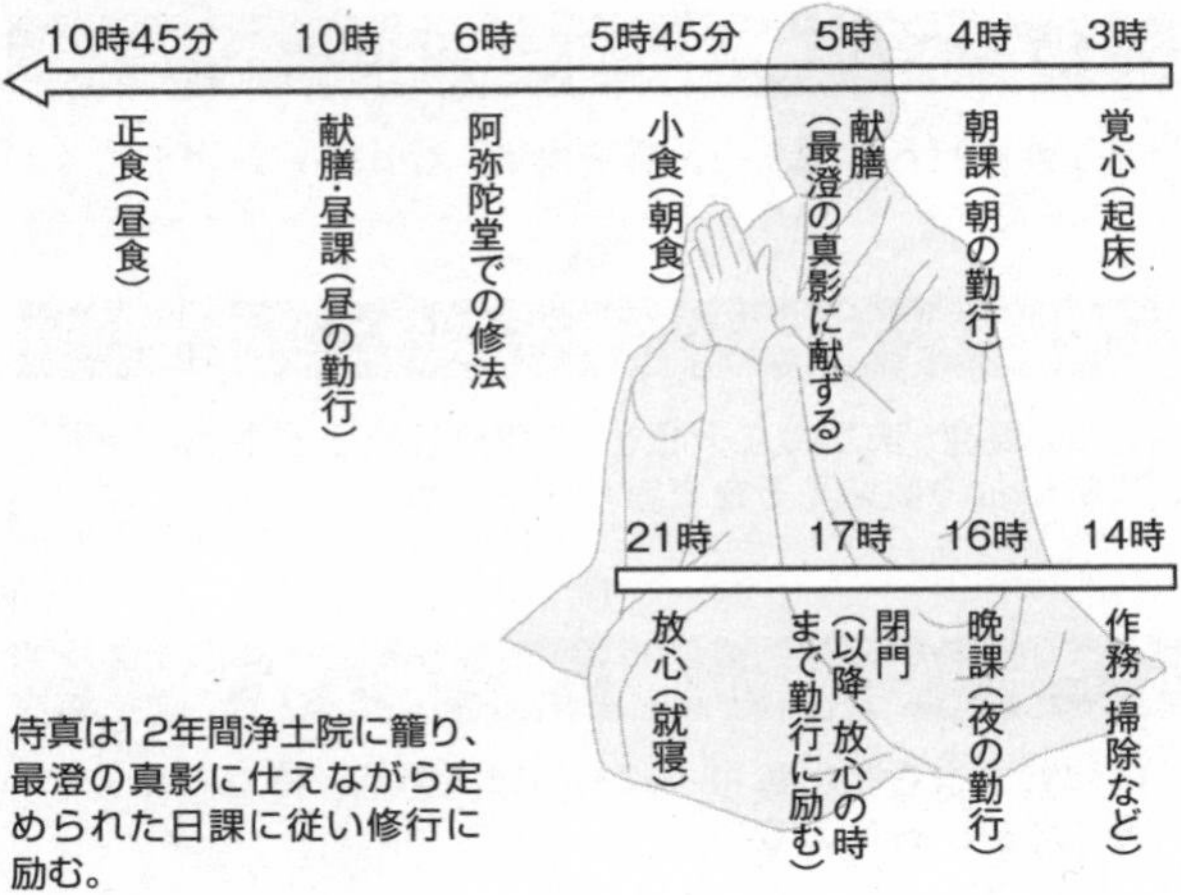

- 3時　覚心（起床）
- 4時　朝課（朝の勤行）
- 5時　献膳（最澄の真影に献ずる）
- 5時45分　小食（朝食）
- 6時　阿弥陀堂での修法
- 10時　献膳・昼課（昼の勤行）
- 10時45分　正食（昼食）
- 14時　作務（掃除など）
- 16時　晩課（夜の勤行）
- 17時　閉門（以降、放心の時まで勤行に励む）
- 21時　放心（就寝）

侍真は12年間浄土院に籠り、最澄の真影に仕えながら定められた日課に従い修行に励む。

午前三時の起床から午後九時までの就寝に至るまで細かく定められた日課は、唐の天台大師智顗によって定められた勤行儀に基づいたもので、それに最澄の大乗菩薩戒の主張に基づき『梵網経』の読誦が加えられている。

現在の侍真制度は、元禄十二年（一六九九）、安楽律の霊宝光謙が定めた『開山堂侍真条制』に基づいている。本家の天台山でも廃れてしまった伝統が、比叡山ではいまもなお実修されており、現在も一人の侍真が最澄の真影に仕えながら修行の日々を送っている。

第六章
比叡山の行

千日回峰行

およそ三万八千キロを踏破する捨て身の荒行

比叡山屈指の荒行

千日回峰行は最澄の理念に基づいて行なわれる十二年籠山行の一つで、その厳しさから比叡山三大地獄の一つ、回峰地獄に数えられている修行だ。この回峰行は、円仁の弟子である相応によって始められたと伝わる。

相応は十七歳のときに『法華経』に登場する常不軽菩薩に感銘を受け、三年間毎日休むことなく根本中堂に参拝し、花を供えた。これが回峰行の始まりであるとされ、それに古来の山岳信仰や山林修行、円仁の五台山巡礼などの風習が併さって現在の形になったと考えられている。

この千日回峰行は、文字通り千日間歩く修行なのであるが、日数や巡礼の距離などが詳しく定められたのは室町時代頃からのようで、中世の比叡山の様子を伝える『諸国一見聖物語』によると、当時は七百日を満行としていた。

回峰行

行者は比叡山の峰々に設けられた礼拝箇所を巡り、祈りを捧げる。

それが千日になったのはどうやら元亀の法難以降であることが、江戸時代初期に著された『北嶺行門記』からわかる。

千日回峰行は七年間かけて行なわれ、一年に百日、もしくは二百日ずつ歩いて満行となる。この修行は行不退といい、途中で辞めることは許されない。

行者は白装束を身にまとい、自害用の短剣や首吊り用の死出紐、三途の川を渡る船賃の六文銭を携帯する。これは行が中断したときに自らその命を絶つためのものである。

ここからも、この行の苛酷さをうかがい知ることができよう。

さらに過酷な堂入り行

千日回峰行の特徴は、ただ歩くだけの行ではなく祈りの行だということである。五年目七百日までは比叡山中を一日に約三十キロメートル歩く。これを山廻りという。この行程には礼拝箇所が約二百五十か所定められており、行者はこれらを巡りながらひたすら祈りを捧げるのである。

七百日目が終わると、今度は最大の難行である堂入りが行者を待つ。これは無動寺谷の明王堂に九日間籠り、断食・断水・不眠・不臥でひたすら不動真言を一洛叉（十万回）唱え続けるという荒行だ。この行を終えると、行者は生身の不動明王に生まれ変われるとされている。

七年目九百日目には、京都市内の決められた神社仏閣に参拝する行程が加わり、一日に約八十四キロメートル歩くことになる。この行程では加持を受けようと沿道で行者を待つ信者も多く、それらの人々と縁を結ぶという意味合いも持つ。

その後七十五日の山廻りを経て満行となる。

赤山禅院

京都市左京区修学院にある天台宗の寺院。千日回峰行には比叡山と赤山禅院の往復約60kmを100日続ける「赤山苦行」が組み込まれている。

最後に山廻りを行なうのは初心に帰るためである。

そしてあえて二十五日が残されているのは、生涯修行であることを示しているのである。

この行を修めた者は大行満とされ、大阿闍梨という尊称でも呼ばれるようになる。また敬意を表して京都御所への土足参内が許され、そこで玉体加持の儀を執り行なう。

その後は比叡山で再び自らに厳しい行を課しながら、後進の育成や、信者のための祈願を行なうなど化他行に勤しむのである。

900日目の京都大廻りのコース

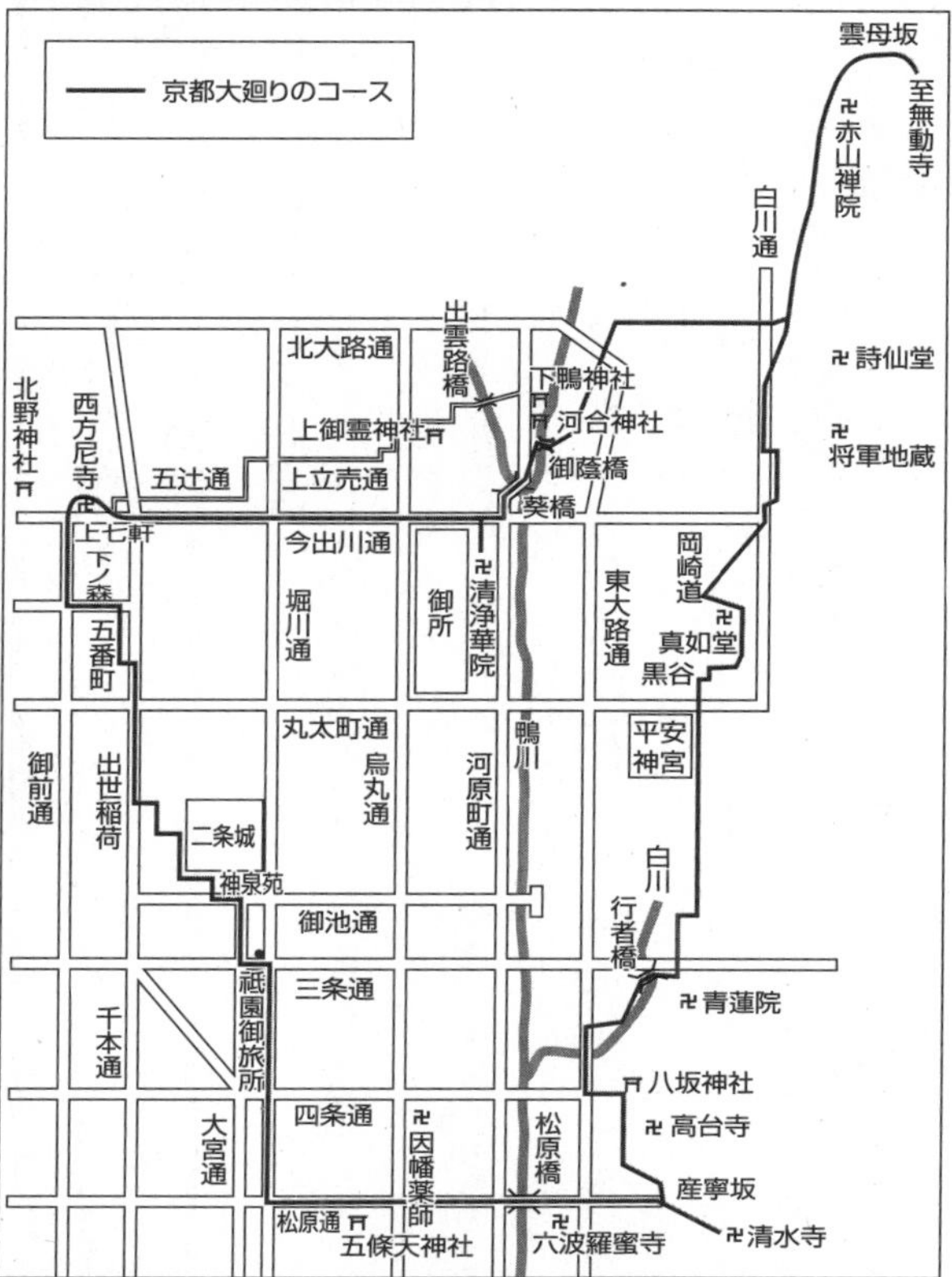

1日で約84キロメートルの行程を歩く京都大廻りのコース。行中では信者に加持を授けるなど山下の人々との縁を結ぶために行なわれる。

十万枚大護摩供

断食・断水・不眠・不臥で臨む平穏への祈り

宗徒のために行なわれる化他行

千日回峰行という苦行を満行した大行満が次の行として行なうのが、十万枚大護摩供である。

護摩は密教で行なわれる修法の一つで、供物を燃やし本尊を供養するものである。修法の目的は現世利益的な側面が強く、その目的に応じて厄災を祓う「息災」、福徳利益の増進である「増益」、他者からの障害除去である「調伏」、和合、親睦を願う「敬愛」の四種に分類される。

これは、火天アグニが護摩木に託された内容を火炎として天に届け、それらが天にいる諸神の口に達すると願いが聞き届けられるという古代インドで興ったバラモン教の信仰に基づく。

また、火は如来の真実の智恵を示すといわれ、火中に投じる供物を人間のさまざまな煩悩になぞらえて、これを焼き浄めることで悟りを得ることができるともされる。

比叡山では毎年春に、全国の回峰行者が一堂に会して世界平和や信徒の諸願成就を願う大護摩供大法要が執り行なわれている。

一方、十万枚大護摩供は、千日回峰行を満行した大行満が自ら発願して生涯に一度だけ行なうものである。

十万枚大護摩供では、七日間にわたり、信徒の願いが込められた護摩木を一人でひたすら焚き続ける。信徒からの希望が多く、実際に行者は十万枚を超える護摩木を焚くという。

このとき行者は、断食、断水、不眠、不臥で臨む。修法後は行者の顔や手が赤く焼けただれるなど、この行は「火あぶり地獄」とも呼ばれる荒行である。

また、この行を行なうために行者は、百日前から不動明王への祈祷を行なうとともに、五穀（米、麦、粟、キビ、豆類）や塩を断ち、そば粉を常食とする前行を行なうことが定められている。

葬儀

—仏弟子となり、浄土に旅立つ—

天台宗における葬儀は、顕教儀礼である法華懺法（『法華経』を読誦することで煩悩をなくす）・例時作法（『阿弥陀経』を唱えて浄土に迎え入れられる）と、密教儀礼である光明供（阿弥陀如来の来迎により故人を仏とする）の３種の儀礼によって営まれる。そして故人、回向する人の区別なく、ともに仏の悟りに精進していく作法である。

天台宗では衆生は必ず仏になることができると教えることから、まず仏弟子となる儀式を行なう。そして娑婆から浄土へと向かうのである。門出に際しては身体と心を清浄にし、その後仏の教えを授かり、故人に戒名が授けられる。戒名とは亡くなった者につける名前だと思いがちであるが、本来、仏教徒として守るべき戒を誓った者に授けられるものなのだ。

天台宗では次の３つの戒を守ることを重視している。それは摂律儀戒、摂善法戒、摂衆生戒で、最澄が重要視していた大乗菩薩戒である。

この戒は在家・出家を問わず入信の際に受けるもので、その際、法号（戒名）を授かることができる。天台宗の戒名は2、4、6字のものなどがあるが、一般的には４文字が多い。戒名の下には信士・信女という位号がつけられ、とくに信仰心の篤い者には居士・大姉がつけられる。これは性別や年齢、寺や社会に対する貢献度によって異なっている。

戒名も与えられ、旅立ちの準備が整ったら、仏の教えにより、必ず成仏することを旅立ちのはなむけとして言い渡す。これを引導という。そして念仏を唱えると葬儀は終了し、そのあとの告別式へと続くのである。人間である限り死は誰にでも訪れる。誠に悲しいことではあるが、故人が無事浄土へと旅立つことができるよう、心を込めて送り出したいものである。

第七章　比叡山の仏事

修正会

比叡山では一月一日から三日にかけて、一年の始まりの新年の法要の修正会が行なわれる。前年の反省をし、新しい年の五穀豊穣、無病息災を祈る法要だ。称徳天皇の神護景雲二年（七六八）正月に行なわれた御斎会が起源という。

修正会は大晦日の夜から始まり、まず大導師が薬師如来の前で修正作法を行なう。そしてその左脇の護摩壇で護摩修法が行なわれる中、突如として青鬼、赤鬼の面をかぶった僧が登場する。鬼は煩悩を意味し、それを読経や護摩によって追い払う。鬼が追い払われると除夜の鐘が打たれ、三日まで法要が営まれる。

御修法

正式には「御衣加持御修法」と呼ばれるこの行事は、弘仁十四年（八二三）に円澄が桓武天皇のために密教の修法を初めて宮中で行なったのが始まりとされる。その後は国家の大事や異変が起こったときに、宮中の紫宸殿や清涼殿などで国家安穏と国民の繁栄を祈り修されていった。明治維新以降中断されていたが、大正十年（一九二一）に復興され、現在では毎年四月四日から十一日まで根本中堂の内

比叡山のおもな仏事

月日	仏事名	開催場所	備考
1/1～1/3	修正会	根本中堂	１年の無病息災などを祈る
1/26	開宗記念法要	根本中堂	『法華経』の読誦
4/4～4/11	**※御修法**	根本中堂	国家安寧､国民の幸福を祈る
4/18	慈恵大師御影供	四季講堂	慈恵大師への報恩の法要
4/20,21	山家会	大講堂など	天台宗寺院では６月４日に行なわれる
5/14	慈覚大師御影供	大講堂	裏千家の献茶法要を取り入れる
5/17	桓武天皇講	大講堂	そばの献納や献茶などが行なわれる
5/26	山王礼拝講	日吉大社	『法華経』８巻に対する問答が行なわれる
6/3	伝教大師御影供	大講堂	御命日の前日に伝教大師への報恩の法要を行なう
6/4	**※長講会**	浄土院	出世役への登竜門
７月上旬	**※延暦寺写経会**	延暦寺会館	『法華経』の書写を行なう
8/25	**※戸津説法**	東南寺	天台座主になるための必須の経歴
10/23, 24	天台会	大講堂	天台大師を偲ぶ

※は比叡山独自の仏事（令和３年）

御修法

御修法は天台密教最高の秘法で明治維新の神仏分離令でいったん廃止されるも、大正10年（1921）から再び行なわれるようになった。

陣に天皇の御衣を奉じ、天下泰平、万民豊楽を祈願しながら二十一座の修法が執行されている。

七仏薬師法、普賢延命法、熾盛光法、鎮将夜叉法の四つの大法を毎年一法ずつ行ない、特別な機会には安鎮国家法が行なわれる。

これらの修法はあわせて比叡山の五箇の大法と呼ばれる。

この修法に出仕するのは天台座主以下、選抜された高僧十七名。初日と中日（四月七日）、結願（四月十一日）には天皇の勅使が古儀に則って天皇の御衣を持って比叡山に登り、書院に入るという格式の高い行事で、比叡山延暦寺の行事の中でももっとも重要な法要である。

山家会

山家会は最澄の命日である六月四日に、その威徳をしのび、報恩を捧げるための法要だが、比叡山ではとくに四月二十日と二十一日に行なわれる。最澄が入滅した翌年に円仁、円澄らが大師をしのび、法華十講を修したのが始まりだという。この法要では『法華経』八巻と『無量義経』一巻、『観普賢菩薩行法経』一巻を合わせた法華十講の問答議論が催される。この論議の出題者は天台座主が務める。教義上の質問をする「問者」とそれに答える「講師」の役をそれぞれ務めあげると、六月四日の長講会の諸役に臨むことができる。そのため天台座主への最初の登竜門に位置づけられている。

桓武天皇講

平安京に遷都したことで知られる桓武天皇は最澄を信任し、天台宗の独立を後押しするなど天台宗立宗の立役者である。その桓武天皇への報恩のための法要が桓武天皇講だ。

毎年五月十七日に大講堂で行なわれ、天台宗の朝夕の勤行のときに読誦される法華懺法と例時作法を毎年交互に修している。この行事は、かつては宮中で後白河天皇、後二条天皇、後宇多天皇、後醍醐天皇ら天皇自らが施主となり、天台座主が導師として執行されていた。

桓武天皇講の修法中にはそばの献納と献茶の儀が行なわれる。もともと中国には祖霊に酒や茶を供える習慣があったとみられ、円仁が仁寿四年（八五四）に天台大師の供養に献茶を行なったという記録が残っている。

長講会

長講会は長期にわたる経典の講会のことで、大同二年（八〇七）に最澄が法華長講会をはじめたのが起源とされる。のちに弟子たちが最澄の命日である六月四日に、最澄への報恩のため論議法要を修するようになった。これがいまに伝わる長講会で、現在では浄土院において天台座主を始め二十名の高僧が出仕し、『法華経』の論議が行なわれる。長講会には五役というものがあり、それは声明を唱える「唄」、

長講会

最澄の命日に行なわれる長講会では、『法華経』の論議が長時間にわたって繰り広げられる。

「散華」、論議を行なう「一の問者」、「講師」、進行役の「執事」である。このなかで講師と一の問者がおもに成仏の可能性や方法について の問答を重ねる。

なお、この法要において五役をすべて勤めあげた者の中から八月に東南寺で行なわれる戸津説法の説法者が指名される。そのため出世役への登竜門としても重要な法要となっている。

如法経会（延暦寺写経会）

如法経会は如法写経会の略で、『法華経』を決まり通りに書写して供養する法会である。もともとこの如法写経は中国の南岳大師がはじめて金字の『妙法蓮華経』の一部を書写し、瑠璃の筒に納めて七宝の台に安置したのが起源とされる。日本では円仁が普及させたといわれ、円仁が病気で横川に隠棲した折、夢に不死の妙薬を得たのをきっかけとして回復したことから写経を発願したのが始まりという。現在では「延暦寺写経会」として毎年七月上旬、主として『法華経』八巻二十八品の浄写が勧められている。

また、写経は釈迦の教えをほかの人々に伝える菩薩行であり、天台宗では「一隅を照らす運動」のなかで『般若心経』の写経を勧めている。

●戸津説法

毎年八月二十一日から二十五日まで東南寺で一般の聴衆に向かって行なわれる『法華経』の説法が戸津説法である。東南寺は最澄の創建と伝えられ、本尊は釈迦如来。比叡山ふもとの東南にあるため東南寺と名づけられた。戸津説法は、最澄が比叡山の護法神である山王権現への法楽と一般民衆のために『法華経』を説法したのが始まりとされる。

戸津説法

東南寺で行なわれる戸津説法は『法華経』を民衆にわかりやすく説くもので、最澄の唱えた「忘己利他」の精神に則る説法である。

かつては東南寺のほか、生源寺、観福寺で三十日間をかけて『法華経』の説法が行なわれていたが、現在は戸津説法だけが伝わり、期間も五日間に短縮されて残っている。

この説法は最澄の故事に基づく行事であり、また一般民衆に『法華経』をわかりやすく伝える化他行でもある重要な行事なのである。

この説法を勤めあげた者は「望擬講」に任命される。これは天台座主になるための必須の経歴となっている。

灌頂会

灌頂とは「水を灌ぐ」という意味で、古来インドの国王の即位式において、四大海の水を頭上に注いで祝ったことに由来する。それが密教の儀礼に取り込まれ、如来の五智を意味する水を頭上に注ぎ、師から弟子へと秘法の伝承を行なうという密教行事になった。日本では最澄により高雄山寺で行なわれたのが最初である。

現在では毎年九月八日から十五日まで法華総持院灌頂堂にて執行される。

天台密教の三昧流、法曼流、穴太流、西山流の四流派が毎年順次当番を務め、壇場を設けて灌頂を執行し、極秘の印明などを授ける。

現在の灌頂会には弟子になる入壇灌頂と、阿闍梨（指導者）となる開壇伝法の二種類がある。

法華大会広学竪義

法華大会広学竪義は六月会と霜月会の法華十講の法要と、その終了後に夜通し行なわれる広学竪義からなる比叡山きっての大法要である。

法華大会は、天台大師智顗を讃えるために最澄が始めた霜月法華会と、最澄の一

法華大会広学竪義

法華大会広学竪義は、高僧が『法華経』を講義する法華十講と僧侶が教学に対する問いに答える広学竪義からなる。

周忌に始められた六月法華会を起源とする。

広学竪義は天台宗の僧侶が修めなければならない教学を問答形式で判定する儀式で、一人前の僧侶になるための試験である。竪義は質問者（問者）と受験者（竪義）、判定者によって行なわれ、不合格者は下山を余儀なくされたという。

法華大会広学竪義は元亀の法難にあい一時中断したこともあったが、江戸時代に天海が比叡山の再興とともにこれを改革し、五年に一度に改めるとともに受験者数も無制限とした。現在も五年に一度、一〇月に大講堂で行なわれる。天台宗の僧侶には必須の法要であるため、ときには三百名を超える僧が一堂に会する。

●円頓授戒会（えんどんじゅかいえ）

円頓授戒会は、天台宗の僧侶が戒壇院で円頓菩薩戒を受戒する行事だ。円頓菩薩戒とは菩薩僧の基礎となる戒律で、比叡山独自の大乗戒（だいじょうかい）である。大乗戒は最澄がその晩年まで強く望み、その入滅後にようやく朝廷の勅許（ちょっきょ）を得たものだ。

以前は法華大会広学竪義とあわせて行なわれていたが、この法要の重要性から昭和五十九年より独立し、円頓授戒に布薩（ふさつ）作法を加え、毎年十月二十六日～二十七日にかけて行なわれるようになった。

その特徴は僧侶が戒律を授けるのではなく、戒壇院に安置された釈迦如来（しゃかにょらい）、文殊（もんじゅ）菩薩（ぼさつ）、弥勒菩薩（みろくぼさつ）から直接戒を授かるという形をとるところにある。実際に戒を授けるのは天台座主である。

●最澄と比叡山 関連年表

元号(年)	西暦(年)	おもな出来事	日本史の出来事
天平神護二	七六六	最澄、誕生（七六七年説あり）	七六五・閏十　道鏡、太政大臣禅師となる
宝亀九	七七八	近江国分寺に入り、行表の弟子となる	
十一	七八〇	十一月十一日、得度	
延暦二	七八三	一月二十日、度牒を与えられる	七八四・十一　長岡京遷都
四	七八五	四月六日、具足戒を受ける 七月十七日、比叡山入山	
七	七八八	一乗止観院創建	
十三	七九四	一乗止観院で初度供養を行なうと伝わる	七九四・十　平安京遷都
十六	七九七	内供奉に任ぜられる	七九六　教王護国寺（東寺）の創建
十七	七九八	比叡山に法華十講始修	
二十	八〇一	十一月、南都十大徳を請じて法華十講を修する	
二十一	八〇二	四月（?）、和気弘世らの要請で高雄山寺で天台教学を講じる 九月十二日、天台法華宗還学生に任ぜられる	
二十二	八〇三	四月十六日、遣唐使船で難波を出発するも、瀬戸内海で暴風雨に見舞われ中止。最澄は九州に留まる	
二十三	八〇四	七月六日、遣唐使船（第二船）で肥前を出発 九月一日、明州に到着 九月二十六日、台州で道邃に会う。その後天台山へ 十月（?）、天台山で行満などに学ぶ	八〇四　空海、入唐
二十四	八〇五	三月二日、道邃から菩薩戒を授かる 四月十八日、越州で順暁から密教を学び、灌頂を受ける 五月十八日、明州を出発。六月五日、対馬に到着	

		九月、桓武天皇の要請により高雄山寺と都の西郊で灌頂を授ける	
大同元	八〇六	一月三日、天台宗に年分度者を加えるなど天皇に奏上 一月二十六日、天台法華宗年分度者認可（天台宗開宗）	八〇六　空海、帰国
弘仁二	八一一	空海に密教の伝授を請う	八一〇・九　薬子の変
三	八一二	十一月十五日、空海から金剛界の灌頂を授かる 十二月十四日、空海から胎蔵界の灌頂を授かる	
五	八一四	一月十四日、宮中で諸法師と天台教学について論議する 春、九州へ赴き、宇佐八幡、香春神宮寺で入唐を無事終えたことへの報恩感謝を行なう	
六	八一五	八月、和気真綱の要請により大安寺で天台を講ずる	八一六・六　空海、高野山に金剛峯寺を建立
八	八一七	上野国、下野国へ赴く	
九	八一八	三月、小乗戒を棄捨する 五月十三日、『天台法華宗年分学生式』（「六条式」）を著す 五月十五日、『比叡山天台法華院得業学生式』を著す 八月二十七日、『勧奨天台宗年分学生式』（「八条式」）を著す 九院・十六院を企図	
十	八一九	三月十五日、『天台法華宗年分度者回小向大式』（「四条式」）を著す 「大乗戒を立てんことを請う表」を上表 同月　南都仏教の僧らが最澄への反論を提出 十一月、僧綱に反論した『顕戒論』完成	
十一	八二〇	二月二十九日、『顕戒論』及び『血脈譜』を上表 西塔に相輪樘を建立	
十三	八二二	二月十四日、伝澄大法師位を授けられる 六月四日、入滅 六月十一日、大乗戒認可の勅許が下る	

十四	八二三	二月二十六日、延暦寺の寺号を賜る
天長元	八二四	義真が初代天台座主となる
四	八二七	光定が比叡山上に大乗戒壇院を建立
承和五	八三八	円仁、入唐
仁寿三	八五三	円珍、入唐
仁寿四	八五四	円仁、第三代天台座主となる
貞観四	八六二	法華総持院が完成
七	八六五	相応が無動寺を開き、回峰行を始める
八	八六六	最澄、伝教大師の諡号を賜る
十	八六八	円珍、第五代天台座主となる
康保三	九六六	良源、第十八代天台座主となる
永観二	九八四	源信が『往生要集』を著す
長暦三	一〇三九	この頃、山門派と寺門派の対立が激化
長治二	一一〇五	神輿強訴が始まる。以降数十回の強訴が行なわれる
元亀二	一五七一	織田信長によって比叡山の堂舎が焼き討ちされる(元亀の法難)
寛永元	一六二四	天海が上野寛永寺を開く
十九	一六四二	根本中堂が再建される
平成六	一九九四	「古都京都の文化財」の一環として世界文化遺産に登録される

八二三　空海、東寺を賜り真言密教の根本道場とする

八三五・十　空海、入寂

八六一・六　中国の宣明暦を採用(以降、一六八四年の渋川春海の貞享暦採用まで用いられる)

八九四　菅原道真、遣唐使の廃止を建言

九六九・三　安和の変

この頃『枕草子』(清少納言)成る

この頃『源氏物語』(紫式部)成る

一〇五一　前九年の役

一〇八三　後三年の役

一一二〇・四　延暦寺・園城寺に僧徒の乱行禁止の院宣が下る

一六〇三・二　徳川家康、江戸幕府を開く

一六四一・四　オランダ商館を長崎の出島に移し、鎖国が完成

【参考文献】　左記文献等を参考にさせて頂きました。

『天台仏教の教え』多田孝文監修、『伝教大師の生涯と教え』多田孝正監修（以上、大正大学出版会）／『最澄』田村晃祐、『最澄とその門流』『最澄と空海』『若き日の最澄とその時代』以上佐伯有清、『山家の大師　最澄』大久保良峻編、『日本仏教史　古代』速水侑、『比叡山延暦寺』渡辺守順（以上、吉川弘文館）／『最澄その人と教え　国の宝を育てる』木内堯央監修（すずき出版）／『日本仏教の歩み』宮坂宥勝、『大法輪』『日本仏教十三宗ここが違う』（以上、大法輪閣）／『お経　天台宗』塩入良道（講談社）／『うちのお寺は天台宗』（双葉社）／『わが家のまつりごと　天台宗の仏事』末廣照純監修（世界文化社）／『ブッダの生涯と教え』松原哲明（霊雲院）／『叡山の新風』壬生台舜（筑摩書房）／『近江山辺の道』淡海文化を育てる会編（サンライズ出版）／『最澄　天台仏教の思想』渡辺凱一（近代文藝社）／『最澄と天台仏教』（読売新聞社）／『最澄の世界』山折哲雄監修（佼成出版社）／『最澄辞典』田村晃祐編（三秀舎）／『新版古寺巡礼京都12　延暦寺』半田孝淳・瀬戸内寂聴（淡交社）／『図説日本の仏教二　密教』関口正之（新潮社）／『天台の流伝　智顗から最澄へ』藤善眞澄・王勇（山川出版社）／『伝教大師最澄の寺を歩く』比叡山延暦寺監修（JTBパブリッシング）／『日本密教』立川武蔵、頼富本宏編（春秋社）／『悲願に生きる　最澄』木内堯央（中央公論新社）／『比叡山』渡辺守順ほか（法蔵館）／『比叡山と高野山』景山春樹（教育社）／『比叡山(1)　1200年の歩み』景山春樹、池山一切圓ほか（大阪書籍）／『比叡山延暦寺はじめての仏道修行』横山照泰（新人物往来社）／『別冊太陽　比叡山』（平凡社）／『傳教大師』塩入亮忠（名著出版）

［本書は二〇一二年『図説　地図とあらすじでわかる！　最澄と比叡山』
として小社より新書判で刊行されたものに加筆修正したものです。］

青春文庫

図説 日本仏教の聖地を訪ねる！
最澄と歩く比叡山

2021年10月20日　第1刷

監修者　池田宗譲
発行者　小澤源太郎
責任編集　株式会社プライム涌光
発行所　株式会社青春出版社

〒162-0056　東京都新宿区若松町12-1
電話 03-3203-2850（編集部）
　　 03-3207-1916（営業部）
振替番号　00190-7-98602

印刷／大日本印刷
製本／ナショナル製本

ISBN 978-4-413-09787-1

小学生はできるのに大人は間違える日本語

意外と手強い！
いまさら聞けない！
頭の回転が速くなる〝言葉〟の本。

話題の達人倶楽部［編］

(SE-772)

「ずるい人」が周りからいなくなる本

あなたの心を支配してくるモヤモヤ・怒り・憤りたちを大人気カウンセラーがみるみる解決！　文庫だけのスペシャル解説つき。

大嶋信頼

(SE-773)

サクッと！頭がよくなる東大クイズ

東大卒クイズ王・井沢拓司氏絶賛！
日本一の思考センスに磨かれる最強クイズ100問。あなたは何問解けるか。

東京大学クイズ研究会

(SE-774)

暮らしと心の「すっきり」が続く　ためない習慣

「生きやすくなる」ための習慣作り術。ためない習慣が身につくとモノ・コト・心がすっきりします。【100の習慣リスト】付き。

金子由紀子

(SE-775)